अपनों के बीच अजनबी

फ़रीद ख़ाँ

भूमिका

नसीरुद्दीन शाह

वाम

पहला संस्करण, मार्च 2022

वाम प्रकाशन
2254/2 ए, शादी खामपुर
न्यू रंजीत नगर
नई दिल्ली – 110008

वाम प्रकाशन और लेफ़्टवर्ड बुक्स नया रास्ता पब्लिशर्स प्रा. लि. की प्रकाशन शाखाएं हैं।

leftword.com

ISBN 978-93-92017-00-1

Visit website

Apno Ke Beech Ajnabi
by Farid Khan

महात्मा गांधी

और सीमांत गांधी ख़ान अब्दुल ग़फ़्फ़ार ख़ान

को समर्पित

सूची

सूची

सूची

मैं शुक्रगुज़ार हूँ कि हिंदुत्व ब्रिगेड ने मेरी मुस्लिम पहचान खोज निकाली

नसीरुद्दीन शाह

मैं शुक्रगुज़ार हूँ कि हिंदुत्व ब्रिगेड ने मेरी मुस्लिम पहचान खोज निकाली – यह मैं अल्बर्ट आइंस्टीन के उन शब्दों से प्रेरित होकर लिख रहा हूँ, जो उन्होंने 1935 के आसपास प्रिंसटन में रहते हुए अपने यहूदी समुदाय पर हुए अत्याचारों को याद करते हुए लिखा था। ये शब्द मैं बहुत गुस्से के साथ दोहरा रहा हूँ, जब मेरी भारतीय पहचान को पूरी तरह से नकारते हुए मुझे सिर्फ़ एक मुसलमान की पहचान तक महदूद कर दिया गया है और ऐसा महसूस करवाया जा रहा है कि मुझे उस जगह नहीं रहना चाहिए जो मेरा घर है। लेकिन मेरे साथ ऐसा कोई नहीं कर सकता है। जिस देश में मेरी पाँच पुश्तों ने जन्म लिया और जहाँ की मिट्टी में वे सभी दफ़न हैं, जहाँ मैं पैदा हुआ, बड़ा हुआ और मुझे देश से प्रेम करना सिखाया गया, उस देश में अगर ज़रूरत पड़ी तो मैं अपने हक़ के लिए लड़ूँगा और सच को सच कहूँगा। पिछले दो सालों के तजुर्बे के बाद मुझे यह बात शिद्दत से समझ में आयी कि आपको किसी धार्मिक समुदाय का होने की वजह से सताया जाना, आपकी सामाजिक हैसियत के लिए सताने से कुछ कम नहीं है।

यक़ीनन मैं अकेला ऐसा संपन्न कलाकार नहीं था, जो लॉक डाउन के ख़त्म होने का इंतज़ार बिना किसी बाधा के कर सकता था और न ही मैं एकमात्र ऐसा व्यक्ति था, जो अपनी फ़िल्म इंडस्ट्री के जूनियर आर्टिस्ट, लाइटमैन, मेकअपमैन, स्टंटमैन या किसी भी कार्यक्षेत्र के आवश्यक लोगों के बारे में लगातार चिंता करता था। मैं अक्सर रेस्तरां जाने वाला व्यक्ति नहीं हूँ, मगर मैं उनके बारे में सोच कर परेशान रहता था कि बावर्ची, वेटर, सफ़ाईकर्मी या रिक्शा वाले, टैक्सी वाले और सब्ज़ी बेचने वाले अपनी ज़िंदगी को बचाये रखने के लिए क्या करते होंगे?

कोरोना के दौरान हमने अपने चारों तरफ़ मज़दूरों के घर वापस लौटने का भयानक दृश्य देखा। थके और सूजे हुए पैरों के असंख्य जोड़े और बोझिल आँखों के साथ उन्हें यह नहीं पता था कि दूसरे वक़्त का खाना कहाँ से आएगा। न जाने ऐसे

कितने मज़दूर हर जगह फँसे हुए थे। हम मुसलसल अपने टेलीविज़न पर पुलिस को देख रहे थे उन मज़दूरों को सताते हुए। उन मज़दूरों को सताते हुए, जो निहायत ही कम तनख़्वाह और अत्यधिक काम के बोझ से त्रस्त हैं, जबकि उसी दौरान हमारी दयालु सरकार ने वाशिंगटन स्थित संसद भवन पर होने वाले हमले पर अपनी सहानुभूति प्रकट की, क्रिकेट में ऑस्ट्रेलिया पर भारत की जीत का जश्न मनाने की पर्याप्त उदारता दिखायी। उनकी इंसानियत देखिये कि नागरिकता देने में हमारे पड़ोसी देश के ग़ैर-मुस्लिम लोगों को जो फुर्ती दिखायी उसके उलट ग़ज़ब की बेहिसी दिखायी अपने देश के नागरिकों की भयानक स्थिति पर। मुमकिन है उनका समय चुनावी रणनीति बनाने और फूट डालने के नये तरीक़े अपनाने में जा रहा होगा।

इस बीच यूपी में 'योगी-हुड' का दावा करने वाला एक व्यक्ति एक योजना बना रहा था, ज़ाहिर तौर पर 'प्रिय नेता' की मौन सहमति के साथ, जिसे वह देश के सामने सबसे ज़्यादा ज़रूरी समस्या मानता था और उसने तेज़ी से एक नया कानून पेश किया – 'जबरन धर्मांतरण' के ख़िलाफ़। मानो यह इस समय हमारे देश का सबसे अहम मुद्दा हो।

यूपी के प्रशासन तंत्र ने बिना देर किये, किसी भी शादी में बाधा डालना शुरू कर दिया, यहाँ तक कि एक मुस्लिम जोड़े की भी शादी में बाधा डालने के बाद और उन्हें पूरी तरह से आतंकित करने के बाद, बिना किसी माफ़ी या पश्चाताप के बाद इस तरह छोड़ा जैसे उन पर बहुत बड़ा उपकार किया हो।

अगर एक मुसलमान लड़की हिंदू धर्म अपना ले तो उसमें कोई दिक़्क़त नहीं है, आख़िर वह अपने 'वास्तविक' या 'पूर्वजों के धर्म' में वापस आ रही है। वह ज़बरदस्ती हो रहा हो या जैसे भी। लेकिन सरकार में बैठे लोगों का बस चले तो 'लव-जेहाद' के तहत हिंदू-ईसाई या हिंदू-पारसी या बौद्ध-मुस्लिम शादी को भी प्रतिबंधित कर दें। या हम यह मान कर चलें कि भगवा-ब्रिगेड का ग़ुस्सा सिर्फ़ मुसलमान मर्दों के लिए है, जो उनके मुताबिक भोली हिंदू लड़कियों को गुमराह कर रहे हैं और भयावह दर से बच्चे पैदा कर रहे हैं?

इस्लामोफ़ोबिया की आग इतनी बढ़ गयी है और इसे एक योजना के तहत बढ़ाया भी जा रहा है कि एक दिव्यदृष्टा पुलिस अधिकारी ने एक स्टैंड-अप कॉमेडियन मुनव्वर

फ़ारूकी को, जो इत्तेफ़ाक़ से मुस्लिम है, इसलिए गिरफ़्तार कर लिया क्योंकि 'उन्होंने हिंदू भगवान का अपमान नहीं किया था, लेकिन करने जा रहे थे।'

इन सब बातों का सबसे परेशान करने वाला पहलू यह है कि जितने जघन्य तरीक़े से ये सब किया जाता है, उतनी ही बेशर्मी से उसका ढिंढोरा पीटा जाता है। याद कीजिये, वह वीडियो जिसमें एक मरते हुए घायल मुसलमान को पुलिस वाले राष्ट्रीय गान गाने को बोल रहे हैं या वह वीडियो जिसमें बाबू बजरंगी, जो अभी ज़मानत पर बाहर है, एक बेबस इंसान की हत्या की शेखी बघार रहा है। उधर मुनव्वर फ़ारूकी की ज़मानत बार-बार रद्द की जा रही थी। वह युवक अपनी पूरे आदर्शवादी युवा जीवन पर सवाल उठा रहा होगा। हमारे कितने सारे सामाजिक कार्यकर्ता जेल में बंद हैं और जो लोग भीड़ को हिंसा के लिए उकसाते हैं उनको पुरस्कृत किया जाता है।

कुछ तो है जो सड़ गया है . . .।

इससे पहले कि आप यह सोचें कि ये सारी बातें एक हताश और निराश मुसलमान का रुदन है, तो मैं यह साफ़ कर देना चाहता हूँ कि मेरा मुसलमान होना मेरे जीवन में कभी भी महत्त्वपूर्ण नहीं रहा है। हाल के वर्षों में टोपी और दाढ़ी वाले युवकों और हिजाब में लड़कियों की बढ़ती तादाद मुझे उतना ही परेशान करती है जितना कि 'विपरीत ख़ेमे' द्वारा भगवा तिलक और सिर पर पट्टी बाँधना। मैंने ख़ुद की पहचान सिर्फ़ किसी धर्म से नहीं की, जबकि मेरी पैदाइश और परवरिश एक पारंपरिक मध्यवर्गीय मुस्लिम परिवार में हुई है। मेरे माँ-बाप जीवन भर मज़हब के पाबंद रहे, वो पाँचों वक़्त नमाज़ पढ़ते थे, पूरे महीने रोज़े रखते और हम तीनों भाइयों को मौलवियों से क़ुरान पढ़वाते थे, जिन्होंने न केवल अरबी हरूफ़ और क़ुरान पढ़ना सिखाया बल्कि अपनी ड्यूटी के दायरे से काफ़ी बाहर जाकर इस बात पर ज़ोर दिया कि पृथ्वी तो समतल है; यह कहना हास्यास्पद है कि यह गोल है और घूमती है, असल में सूरज घूमता है। उन्होंने हमें बताया कि हूरें जन्नत में ईमान वालों का इंतज़ार कर रही हैं, लेकिन मुझे यह स्वीकार करने में कोई हिचक नहीं कि मैं इन बातों के मोह में नहीं पड़ा। यहाँ तक कि दस साल की उम्र में भी मुझे लगता कि इतनी सारी बला की ख़ूबसूरत औरतों को

इकट्ठा कौन सँभाले! इसके अलावा इस ख़याल ने और भी हतोत्साहित कर दिया कि ऊपर एक बूढ़ा आदमी बैठा सारी रंगीनियाँ देख रहा है। क्या लगातार सिर झुकाना, सफ़ाई करना और उसकी अच्छाइयों व रहमतों की तारीफ़ करते रहना वास्तव में मज़ेदार होता? साथ ही मैंने यह भी सोचा कि क्या जहन्नुम वास्तव में इतना बुरा हो सकता है, यह देखते हुए कि मेरे सभी दोस्त वहाँ होंगे! मुझे मज़हबी क़ायदों को छोड़ने में बहुत वक़्त नहीं लगा – वे ऐसे कर्मकांडों की तरह लगते थे, जिन्हें आँख मूंदकर बस करते जाना है, यह जाने बग़ैर कि वे क्यों बनाये गये। और सभी तरह की प्रार्थनाएँ जो मिन्नत-समाजत, इल्तिजा और माफ़ी माँगने के अलावा कुछ भी नज़र नहीं आती थीं, मुझे ज़रूरी नहीं लगीं। इन सबने मुझे विरक्त कर दिया और बीस साल की उम्र में मैंने अपनी मुस्लिम-पहचान को छोड़ दिया क्योंकि जिस तरह की ज़िंदगी मैं जीना चाहता था, उसमें इसका कोई अर्थ नज़र नहीं आता था। वैसा ही हुआ। मुझे हमेशा अपने काम में वह संतुष्टि मिली जो मुझे मज़हब में कभी नहीं मिली।

इसलिए मुझे बहुत हैरानी हुई जब मुझे पहली बार 'मुसलमान ग़द्दार' कहा गया और अपना बोरिया बिस्तर बाँध कर, आप सोच सकते हैं, कहाँ जाकर रहने को कहा गया होगा। दरअसल मज़हब से आज़ाद होते ही मुझे ऐसे 'क्लब' से भी आज़ादी मिल गयी जिसमें किसी और समुदाय के लिए प्रवेश न हो। मुझे कभी भी मुसलमानों से ऐसा कोई विशेष लगाव नहीं रहा, सिवाय इसके कि हमारी ज़बान और आदतें (मेरे ख़याल से तहज़ीब) एक जैसी थीं। लेकिन उसमें भी मैंने बहुत सारे हिंदुओं और सिखों को बहुत सारे मुसलमानों से और मुझसे भी बेहतर उर्दू बोलते हुए पाया। अब जाकर हम सब महसूस कर पा रहे हैं जिन्ना के उर्दू को पाकिस्तान की राष्ट्रभाषा बनाने का बुरा असर! इसी के नतीजे में उस पर एक 'मुस्लिम' भाषा का ठप्पा लग गया, यहाँ तक कि भारत में भी कुछ जगहों पर, हालाँकि यह अविश्वसनीय लगता है, उर्दू को अब वास्तव में एक विदेशी भाषा की श्रेणी में रखा जाता है। विडंबना यह है कि यह 'विदेशी' भाषा, इसी देश में विकसित हुई और सिर्फ यहाँ बोली जाती है!

मुझे गहरा क्षोभ होता है जब मुझे बार-बार अपनी देशभक्ति साबित करने के लिए यह दोहराना पड़ता है कि हमारी पाँच पुश्तों में, जिनमें कई सारे पुलिस, फ़ौजी और सरकारी ऑफिसर रहे, कभी भी किसी ने अपने करियर में मुसलमान होने की

वजह से रुकावट महसूस नहीं की। मुझे एक हिंदू से शादी करने में कोई झिझक या दिक़्क़त नहीं हुई न ही रत्ना को। मेरी शादी के अड़तीस साल बाद एक भूतपूर्व कैबिनेट मंत्री के जीवन साथी ने सीधे-सीधे मुझ पर लव जेहाद का आरोप तो नहीं लगाया पर तंज़ ज़रूर कसा कि अपने ज़माने में आपने अपने धर्म से बाहर शादी तो कर ली लेकिन अब . . .। मैंने सपने में भी नहीं सोचा था कि एक दिन कोई मुझसे यह कहेगा।

मेरी माँ ने सिर्फ़ एक बार रत्ना के धर्म परिवर्तन के बारे में जानना चाहा था और हमने इंकार कर दिया था, तो उनका जवाब था, 'हाँ, मज़हब कैसे बदला जा सकता है।' क़ुरान का अनुसरण करने वाली उस महिला का यह बयान ज़्यादा समझदारी भरा है या नफ़रत फैलाने वाली यह सोच कि 'हिंदू मुस्लिम साथ नहीं रह सकते', यह फ़ैसला मैं पाठकों पर छोड़ता हूँ। मैं सिर्फ़ इतना कह सकता हूँ, एक हिंदू के साथ मेरी शादी (दोनों परिवारों द्वारा निर्विवाद रूप से स्वीकृत) जो चालीस साल से टिकी हुई है, इस बात का सबूत है – अगर किसी को सबूत की ज़रूरत है तो – कि हिंदू और मुस्लिम एक साथ सिर्फ़ रह ही नहीं सकते हैं बल्कि उनको साथ रहना भी चाहिए।

ये नफ़रत के बीज हमारे अंदर कहाँ से आये? क्या ये बीज बँटवारे के समय से हमारे अंदर उपज रहे थे? क्या हम सच बोल रहे थे, जब हम गाते थे, तू हिंदू बनेगा न मुसलमान बनेगा, इंसान की औलाद है इंसान बनेगा या ख़ुद को बहला रहे थे?

मुझे यक़ीन है कि सिर्फ़ मैं नहीं बल्कि बहुत सारे लोग शाहीनबाग़ के धरने पर बैठी मुसलमान औरतों पर अपमानजनक आरोप से परेशान हुए होंगे। मैं अकेला नहीं हूँ जिसे हैरत हुई यह देख कर कि किस तरह पहले इस शांतिपूर्ण प्रदर्शन को और बाद में किसान आंदोलन को ख़त्म करने और बदनाम करने की कोशिश की गयी। मैं अकेला नहीं था जिसका ख़ून खौल रहा था जामिया के छात्रों के साथ पुलिस क्रूरता देख कर, जेएनयू पर हमला करने वाले गुंडों को देख कर और उस भीड़ को देखकर जिसने पूरे नॉर्थ-ईस्ट दिल्ली में दंगे कर दिये। मेरा यह भी अनुमान है कि मैं अकेला आश्चर्य करने वाला व्यक्ति नहीं हूँ दिल्ली पुलिस की उस रिपोर्ट पर जो उसने फ़रवरी 2020 में हुए दिल्ली दंगे के बाद दी थी। कोई इतना भी नादान नहीं होगा कि मान

ले कि मुसलमानों ने अपने ही घर और दुकान जलाये, अपने सगे और रिश्तेदारों को मारा और मस्जिद तोड़ी। क्या किसी मस्जिद पर एक भगवा झंडा फहराना उतना ही अपमानजनक नहीं है जैसे कि हम कोई धार्मिक झंडा फहरायें लाल किले पर? वैसे भी कब से लाल किला इतना पवित्र हो गया – क्या इसे उन 'विदेशियों ने नहीं बनाया था जिन्होंने देश को लूटा है?' इन सब में सबसे ख़तरनाक बात यह है कि केंद्र सरकार को इसकी परवाह ही नहीं है कि हर बात के लिए अल्पसंख्यकों को ज़िम्मेदार ठहराकर (सभी साक्ष्य विपरीत होते हुए भी) उनके प्रति भेदभाव का खुलेआम प्रदर्शन किया जा रहा है – यह उन्हें मुख्यधारा से दूर करने की एक और कोशिश है। जब उनको कोविड-19 फैलाने के लिए ज़िम्मेदार ठहराने की योजना नाकामयाब हो गई, तो आग भड़काने की नयी चाल चली गयी।

महामारी, सरकार के लिए सीएए के विरोध प्रदर्शनों को ख़त्म करने के लिए एक वरदान के रूप में आयी थी, लेकिन किसान बहुत कठोर मिट्टी के बने थे। दिल्ली की सीमाओं पर जो कुछ हुआ वह कल्पनातीत है। प्रदर्शनकारियों के धैर्य और प्रशंसा के बावजूद आंदोलन के तहत होने वाली कुछ ज़्यादतियों पर घबराहट हुई थी। एक धूर्ततापूर्ण चाल के तहत उन 'हिंसक बर्ताव' और 'राष्ट्र-ध्वज के अपमान' के लिए सिखों को बदनाम करने की कोशिश हुई। कब से सिख दुश्मन नंबर 2 बन गये?

1982 में जब मैंने और रत्ना ने शादी का फ़ैसला किया था और अपने से बड़े एक घरेलू दोस्त, जिनका अतीत भी कुछ ऐसा ही था, से मशविरा किया तो उन्होंने हमें इत्मीनान दिलाया था कि कोई राजनैतिक या धार्मिक अड़चन नहीं होगी, लेकिन शायद हमें सिर्फ़ सामाजिक अड़चन हो; मसलन, दीवाली ज़्यादा ज़रूरी है या ईद, क्या घर में शराब की इजाज़त होगी, हमारे बच्चों को कौन सी धार्मिक शिक्षा मिलेगी, क्या हमारे घर में हिंदू संस्कृति होगी या मुस्लिम, वगैरह, वगैरह। हमें इस बात का गर्व है कि हमारे घर में शुरू से ही कोई धार्मिक व्यवस्था नहीं है, दीवारों पर कोई प्रतीक नहीं है (सौंदर्य कारणों से बुद्ध की एक सुंदर लकड़ी की मूर्ति के अलावा)। हमारे बच्चों का कोई धर्म नहीं है लेकिन हमने उन्हें सब बताया है, हालाँकि मैंने उन्हें मज़हबी रस्मों को लेकर अपने आग्रह उन्हें नहीं बताये हैं। हमारे यहाँ दीवाली और ईद, दोनों ही त्यौहार पूरे उत्साह से मनाया जाता है, एक धार्मिक विधि से नहीं बल्कि

एक पारिवारिक जलसे की तरह। हम नमस्ते और सलाम-अलैकुम उतनी ही पाबंदी से इस्तेमाल करते हैं और प्रार्थना के नाम पर हर चीज़ के लिए आभार प्रकट करते हैं। हमारे बच्चे अंतर्धार्मिक विवाह के अभ्यस्त थे, वे हैरान हो गए थे यह जान कर कि असल में मुस्लिम-मुस्लिम या हिंदू-हिंदू की भी शादी होती है। हमें विश्वास था कि हम एक-दूसरे से शादी करके एक स्वस्थ मिसाल कायम कर रहे हैं; ख़ासकर इसलिए भी कि हमने सामाजिक मुद्दों को आसानी से पार कर लिया। हमें उम्मीद ही नहीं थी कि एक ऐसा फ़रमान भी आयेगा जो न केवल एक अंतर-धार्मिक वैवाहिक संबंध के विचार को अकल्पनीय बना देगा बल्कि वास्तव में हिंदू-मुस्लिम सामाजिक संपर्क को भी झकझोरने का प्रयास करेगा, जिसकी अभिव्यक्ति हमें उस प्रस्तावित निर्देश में स्पष्ट दिखाई देती है कि रेस्तराओं को अब घोषणा करनी होगी कि वो जो मांस परोस रहे हैं वो झटका है या हलाल?

ऐसा लगता है कि हमारे प्रिय बुज़ुर्ग पूरी तरह ग़लत थे।

मैं और मेरा परिवार यह देखकर हैरान है कि किस तरह से नफ़रत बढ़ाने वाले लोग खुलेआम ये सब कर रहे हैं और हम जैसे लोग ख़ुद को 'ग़द्दार' करार दिये जाने का इंतज़ार।

कुछ समय पहले मेरे भाई ने मुझे एक चिट्ठी लिखी थी जो काफ़ी परेशान करने वाली थी। ज़ाहिर सी बात है, हम दोनों की परवरिश एक सामान हुई है, हालाँकि वह मेरे विपरीत धार्मिक विचार के इंसान हैं, वह लिखते हैं – 'अचानक से हमारे दोस्तों को हमारा मुस्लिम होना दिखाई देने लगा है, अगर हम इस सरकार की ज़रा भी बुराई करते हैं तो हमें ग़द्दार घोषित कर दिया जाता है। परेशानी की बात यह है कि यह बदलाव सिर्फ़ कुछ चंद लोगों में नहीं देखा जा रहा है जिन्हें उँगलियों पर गिना जा सके। मेरे छात्र जीवन में जब मैं आईआईटी में था, तब हमारे दोस्तों में विभिन्न संस्कृतियों के लोग थे, भारत का एक छोटा रूप। उसमें बंगाली, सिख, पंजाबी, मलयाली, गोवन, तमिलियन और एक यूपी का भईया (मैं), कई लोग थे। भारत के सभी धर्म के लोग – हिंदू, सिख, ईसाई, मुस्लिम, जैन, पारसी। हम सब ख़ुशी-ख़ुशी

मिलते थे, 2018 तक, जब हमारा पचासवाँ स्नातक मिलन हुआ। उसके बाद से चीज़ें बदल गयी हैं। लोग आपस में बात नहीं करते हैं वरना आज जो कुछ भी भारत में हो रहा है उसके बारे में सबके अंदर गहरे बैठी बात उभर कर निकल आती है।

मैं अभी तक इस सदमे और झटके से उबर नहीं पाया हूँ।

मुझे उनके अहसासात से हमदर्दी है, हालाँकि मैंने अभी तक उनके जैसा महसूस नहीं किया है। मेरे बहुत से दोस्त हैं जो बीजेपी के ज़बरदस्त समर्थक हैं और प्रधानमंत्री के भक्त; हमारे बीच वैचारिक मतभेद के बावजूद एक-दूसरे के प्रति इज़्ज़त बरकरार है। देखने की बात यह होगी, आख़िर कब तक? मेरे भाई अब भारत में नहीं रहते, वे इस चिंताजनक स्थिति से बच गये। शायद यह बहुत निराशाजनक और जल्दबाज़ी वाली बात हो, लेकिन हम धीरे-धीरे एक फ़ासिस्ट राष्ट्र में तब्दील होते जा रहे हैं। हम साफ़-साफ़ देख सकते हैं कि नस्ल की शुद्धता और श्रेष्ठता के बारे में किस तरह से बातें हो रही हैं, किस तरह से पुलिस को खुली छूट है, सरकार समर्थक नफ़रत फैलाने वालों और मॉब लिंचिंग करने वालों को या किस तरह से पढ़े-लिखों और ईमानदार पत्रकारों और सामाजिक विकास के कार्य में लगे कार्यकर्ताओं को परेशान किया जा रहा है, विश्वविद्यालयों में दख़ल दिया जा रहा है, इतिहास फिर से लिखा जा रहा है। असहमतियों को दबाना, डराना, अपने चुने हुए 'दुश्मनों' पर मुकदमे चलाना, कुछ मीडिया वालों को समर्थन देना और कुछ के गले घोंटना, काल्पनिक आंतरिक शत्रुओं का निर्माण और यह माहौल बनाना कि बहुसंख्यकों को ख़तरा है, जो अपराध वो कर रहे हैं उसके लिए दूसरों पर आरोप मढ़ना और एक ऐसे नेता को जन्म देना जो अचूक, अविनाशी और सर्वज्ञ है, जो अपने बारे में प्रशंसा पसंद करता है, और अपना नाम ऐसे लेता है जैसे स्वयं से इतर किसी महान व्यक्ति का नाम ले रहा हो; साफ़ दिख रहा है कि सत्ता में बैठे नेताओं ने फ़ासिज्म का अध्ययन अच्छे से किया है लेकिन अच्छा होगा अगर उन्होंने यह भी अध्ययन किया हो कि इतिहास में ऐसे नेताओं का क्या हश्र हुआ था।

आख़िर आइंस्टीन भी हिटलर के ऐसे हश्र का पूर्वानुमान नहीं कर पाये थे।

अपनों के बीच अजनबी

. . . कि वो मुझे निर्दोष मान लें

मुंबई में 11 जुलाई 2006 को शाम 6 बजकर 24 मिनट से लेकर 6 बजकर 35 मिनट के बीच एक के बाद एक, सात बम धमाके हुए थे। मैं उस वक़्त मुंबई के छत्रपति शिवाजी राजे संकुल, जिसे एकता नगर म्हाडा कहा जाता है, में रहता था। अख़बारों में पढ़ा कि पास के ही मुस्लिम बहुल मालवाणी इलाके से लड़कों को पुलिस उठा रही थी और दो-तीन दिन रख कर छोड़ती जा रही थी। तक़रीबन एक सप्ताह बाद रात के दो बजे के आसपास हमारे एक मित्र का किसी अनजान नंबर से फ़ोन आया। वे नहीं चाहते थे कि मेरे नंबर पर उनका फ़ोन किया जाना कहीं दर्ज हो। उन्होंने बताया कि उनके साथ रहने वाले मुस्लिम मित्र से पुलिस पूछताछ करने आयी थी और मुझे सावधान रहना चाहिए क्योंकि पुलिस अब मेरे घर पर भी आती होगी। नींद में, रात के सन्नाटे में, अनजान नंबर देख कर डरते-डरते कॉल उठाया था, उस पर इस ख़बर ने अँधेरे व सन्नाटे को और गहरा बना दिया। पूरी दुनिया में मैं अकेला इस बात पर विचार कर रहा था कि अगर पुलिस आयेगी तो मैं ऐसा क्या करूँगा या क्या कहूँगा कि वो मुझे निर्दोष मान ले। मैं रिहर्सल करने लगा। कभी रोनी सूरत बनाता कभी सहजता का अभिनय करता। कभी-कभी जान की भीख माँगने का विचार आता और कभी उस विचार को झटक भी देता था। कब आँख लग गयी, मुझे याद नहीं। बस एक दुःस्वप्न याद है : उन्मादी भीड़ ने मुझे हो-हो करते हुए सिर पर उठा रखा है और मेरी पैंट नीचे सरकी हुई पैरों में अटकी है। भीड़ मेरे शिश्न से खेल रही है। सुबह हुई और ऐसा कुछ नहीं हुआ था। भौतिक रूप से ऐसा कुछ नहीं हुआ था। जो कुछ भी हुआ वह मेरे अंतर्मन में हुआ। आगे मुझे इस सपने के साकार होने के डर में जीना था।

आगे आने वाला मेरा यह पूरा बयान मेरा भय और मेरी झुँझलाहट है और बहुत सारी ऐसी बातों का जवाब है जो दे पाया, लेकिन बहुत सारी ऐसी बातों का भी जवाब

है जो नहीं दे पाया। ये सब जाग्रत अवस्था में उसकी बड़बड़ाहट है। हवा में अकेले हाथ भाँजना है।

हम हैं असीरे ज़ब्त इजाज़त नहीं हमें
रो पा रहे हैं आप बधाई है रोइये

अब्बास क़मर

आसमान से स्थितियाँ नहीं टपकतीं

सांप्रदायिक संगठनों या सांप्रदायिक राजनीतिक दलों की सबसे बड़ी कामयाबी यह होती है कि उनके समर्थन को अमुक संप्रदाय अथवा क़ौम का समर्थन मान लिया जाता है और उनके विरोध को अमुक संप्रदाय अथवा क़ौम का विरोध। यही सांप्रदायिक राजनीति जब सत्ता की तरफ़ बढ़ती है तो उसकी सरकार का समर्थन भी अमुक संप्रदाय या क़ौम का समर्थन माना जाता है और विरोध भी अमुक संप्रदाय या क़ौम का विरोध। इसी में सांप्रदायिक राजनीति की कामयाबी है। पाकिस्तान इसका आदर्श उदाहरण है।

इसी तर्ज़ पर लोग भाजपा सरकार के समर्थन को हिंदुओं का समर्थन और विरोध को हिंदुओं का विरोध मानने लगते हैं और भूल जाते हैं कि सरकार न तो देश है न धर्म। सरकार केवल एक सर्विस-प्रोवाइडर है।

ऐसा नहीं है कि स्थितियाँ 2014 में ही अचानक बदल गयीं। आसमान से स्थितियाँ नहीं टपकतीं। इसकी शुरुआत बहुत पहले हो चुकी थी। बहुत 'हार्डवर्क' है इसके पीछे। 'हार्वर्ड' वाले सिर्फ़ सेमिनार करते रह गये, किताबें लिखते रह गये।

जब मैं मुंबई आया तो गोरेगाँव के मोतीलाल नगर में कुछ दिन रहा। लगभग डेढ़ साल। मेरे पास पैसे बहुत कम थे इसलिए मुझे साझे में (अपने मित्रों के साथ) ही रहना था। पर उसकी एक शर्त थी। निःसंदेह वह शर्त मकान मालिक की तरफ़ से थी कि यहाँ कोई मुसलमान नहीं रहेगा। इसका मतलब यह था कि अगर मुझे वहाँ रहना है तो मुझे

अपना नाम बदलना होगा। मैंने बदला भी – शिब्बु या शिव। मेरे घर का नाम शिब्बु ही है जो शिव से ही बना है। इसलिए हम सब इसको लेकर सहज थे। हर कोई मेरे नाम को लेकर, मुझे पुकारने को लेकर चौकन्ना था। कोई भी मित्र मुझ पर आँच नहीं आने देना चाहता था। मैं भी कोई जोखिम नहीं उठाना चाहता था। मैं कुछ ज़्यादा ही चौकन्ना था। मैं उस नाटक का नायक भी था और शिकार भी। बल्कि कहना चाहिए कि हम सब शिकार थे। चूँकि मकान मालिक भी उसी जगह रहता था और नीचे ऊपर हर जगह उसके परिवार के लोग कहीं भी किसी भी वक़्त आ-जा सकते थे इसलिए मैंने चुन-चुन कर अपनी भाषा से वैसे शब्द निकाल बाहर किये जिनमें नुक़्ता लगता है। मैंने ख़ुद ही फ़ोन पर किसी को सलाम और सलाम का जवाब देने पर भी पाबंदी लगा दी। किसी को पता नहीं चला मेरे इस तहख़ाने के बारे में। मैंने अपने चेहरे के तमाम भावों का शटर-डाउन कर दिया। सोचा कि मुझे किसी तरह इस दौर से सुरक्षित निकल जाना है। लगा था कि यह कुछ दिनों की बात है, पर यह सच नहीं था।

मेरी पृष्ठभूमि

इस्लाम से हमारा संबंध केवल त्यौहारों का है। अगर ईद और शबेबरात न हो, उस दिन हम कुर्ता पाजामा न पहनें, सेवइयां और हलुवे न खायें, न खिलायें तो कोई हमें मुसलमान नहीं कह सकता। हाँ ख़तना और कफ़न दफ़न के वक़्त भी हम मुसलमानों जैसे हो जाते हैं। इसे हमने संस्कृति के रूप में अपनाया है, धर्म के रूप में नहीं। कल को अगर ये दोनों चीज़ें हमारे परिवार से ख़त्म हो जायें तो मुझे ताज्जुब नहीं होगा। क्योंकि पिछले तीस सालों में शादी ब्याह के तौर-तरीक़े तो बदलने ही लगे हैं। कोई किसी से भी ब्याह करे, कोई बिना ब्याह के अपने जीवन साथी के साथ रहे, हमें फ़र्क नहीं पड़ता है। बस दावत होनी चाहिए और नये-नये कपड़े पहनने के अवसर मिलने चाहिए। इसीलिए आज भी हमारा संबंध इस्लामी त्यौहारों से बना हुआ है। मज़हब को लेकर हमारा व्यवहार ऐसा है :

असर गया कसर में
मग़रिब गए भूल
एशा गया खाते पीते
फ़जिर गए सूत
ज़ोहर गए पढ़ने
तो बधना गया टूट
ऐ मोली साब निमाज़ कब पढ़ें
(असर – तीसरे पहर की नमाज़, मग़रिब – शाम की नमाज़, एशा – रात की नमाज़, फ़जिर – भोर की नमाज़, ज़ोहर – दोपहर की नमाज़। यह मैंने नानी से सुना था। नानी ने अपने किसी बुज़ुर्ग से सुना था।)

पटना में कोई भी हमारे वृहत-परिवार को देख कर इसकी तस्दीक कर सकता है। हमें इस्लाम से ज़्यादा भारत के स्वाधीनता संघर्ष की कहानी सुनायी गयी। हमें भगत सिंह और महात्मा गांधी के बारे में बताया गया। हमें बताया गया कि कैसे लाल बहादुर शास्त्री नदी पार करके स्कूल जाते थे। स्वतंत्रता सेनानी हमें अपने रिश्तेदार जैसे लगते थे। हमें कलमा की जगह राष्ट्रगान रटवाये गये और ये सब किसी दबाव का इस्तेमाल करके नहीं हुआ। हमारा यह मानना था कि राष्ट्रगान उन स्वतंत्रता सेनानियों की क़ुर्बानियों को याद रखने का एक माध्यम है इसलिए उसे गाया। मैं जिस पटना में रहा, वहाँ हिंदू हो या मुसलमान, सिख हो या ईसाई सब ऐसा ही सोचते थे। पर इसके प्रदर्शन की कभी ज़रूरत महसूस नहीं की।

राष्ट्रगान गाते हुए

अब मैं सिनेमा हॉल में ज़ोर-ज़ोर से राष्ट्रगान गाता हूँ ताकि मॉब लिंचिंग की सारी आशंका समाप्त कर दूँ। कुछ हद तक इसमें मुझे कामयाबी भी मिलती है। कुछ लोग कनखी से मुझे सम्मान की नज़रों से देखते हैं लेकिन कुछ लोग चिढ़ते भी हैं। ऐसा

उनकी साँसों के अनुलोम विलोम से पता चलता है। ये लोग अकसर वे होते हैं जिन्हें राष्ट्रगान ठीक-ठीक याद नहीं होता। सिनेमा शुरू होने के पहले और अंतराल के दौरान उनके बात व्यवहार से इतना तो समझ में आ ही जाता है कि वे-कुछ-लोग मुस्लिम तो हरगिज़ नहीं होते हैं, हाँ, इतना ज़रूर है कि अर्थव्यवस्था में वे-कुछ-लोग मुझसे अधिक ऊँचे पायदान पर होते हैं। उन्हें वैसे तो राष्ट्र से कोई लेना-देना नहीं होता लेकिन मॉब लिंचिंग की हर घटनाओं का राष्ट्रवादी स्पष्टीकरण उनके पास ज़रूर होता है। ये वो राष्ट्रवादी हैं जो अमेरिका, कनाडा और इंग्लैंड में जाकर बसना चाहते हैं लेकिन आमिर ख़ान के डर वाले बयान पर उसे पाकिस्तान भेजना चाहते हैं। सवाल उठता है कि जब अपने देश में हर तरह की सुरक्षा है ही तो वो विदेशों में क्यों बसना चाहते हैं?

हालाँकि मुझे राष्ट्रगान कंठस्थ है। लेकिन बदले हुए हालात में मैंने उसका प्रदर्शन दस गुना ज़्यादा बढ़ा दिया है। वरना अगर मारा गया तो किसी भी अदालत में मुझे निर्दोष साबित नहीं किया जा सकेगा। ऐसा अब मेरा अटूट विश्वास है।

गंगा-मस्जिद

'गंगा-मस्जिद' मेरी एक कविता का शीर्षक है। कई पत्र-पत्रिकाओं में छप चुकी है। अकसर छोटी-मोटी महफ़िलों में उसे सुनाया भी है। श्रोतागण इस कविता की एक पंक्ति पर लहालोट होकर मुझे चूम लेना चाहते हैं। पंक्ति है –

गंगा मस्जिद को लात मारती और कहती
अबे मुसलमान, कभी मेरे पानी से नहा भी लिया कर।

कविता समाप्त होने के बाद मैं उनको बताता कि यह बाबरी मस्जिद गिराये जाने के अट्ठारह साल होने पर लिखी गयी थी। बस, उनकी प्रतिक्रिया बदल जाती है। मुँह में मक्खी पड़ गई हो जैसे। मक्खी होती तो थूक देते। पर कान में पड़ी कविता कैसे थूकें? प्रकृति ने ऐसी कोई व्यवस्था भी नहीं की है। वे कविता की दूसरी पंक्तियों पर

ध्यान देने लगते हैं। फिर या तो वे नज़रें चुराने लगते हैं या शराब के दो पेग ज़्यादा पी जाते हैं। मुझे समझ में आ गया कि उपरोक्त पंक्तियाँ उन श्रोताओं या पाठकों को सांप्रदायिक सुख देती हैं इसलिए अब मैं कविता शुरू करने के पहले ही बता देता हूँ कि बाबरी मस्जिद का ध्वंस इसका संदर्भ है। निश्चित रूप से यह कविता की सीमा है कि संदर्भ बताना पड़े। पर कई लोगों की सांप्रदायिकता परखने का लिटमस पेपर साबित होती है यह कविता।

उपनिषद् गंगा

उपनिषद् गंगा एक धारावाहिक का नाम है जो दूरदर्शन पर प्रसारित हुआ था। इसका लेखन और निर्देशन डॉ. चंद्रप्रकाश द्विवेदी ने किया है और निर्माण चिन्मय मिशन ने। इसके संभवतः 27 एपीसोड में मैं सह-लेखक था। मैंने बहुत कम पढ़ा है उपनिषदों को। इस काम के लिए ज़्यादातर चिन्मय मिशन के एडवांस वेदांतिक कोर्स के लेसन पढ़े हैं। जितना भी पढ़ा है उससे अनुभव होता है कि मेरी पारिवारिक पृष्ठभूमि के तर्कवादी-दृष्टिकोण की जड़ें वहीं हैं। यह 2010 के पहले की बात है।

पर बदले हुए हालात में, ख़ासकर 2014 के बाद लोग इसे सहज नहीं समझते। उनके लिए एक मुसलमान का उपनिषदों पर काम करना सुखद आश्चर्य से कम नहीं था। ऐसे लोग अकसर ये कहते पाये जाते हैं कि फ़रीद वैसा मुसलमान नहीं है। मुसलमान अच्छे भी होते हैं। मैंने बारहा उनको समझाने की कोशिश की कि कोई भी वैसा मुसलमान नहीं होता जैसा आपकी कल्पनाओं में होता है या जैसा व्हाट्स-अप-यूनिवर्सिटी के सिलेबस में होता है। पर सांप्रदायिकता अफ़ीम के नशे की तरह सुख देती है तो कोई क्यों ऐसे सुख से ख़ुद को वंचित रखे। वे तो बार-बार उसका आस्वादन करना चाहेंगे।

एक बार की बात है। हम कई दोस्त साथ में बैठे थे और शराब का दौर चल रहा था। शराब के नशे ने सांप्रदायिकता के नशे को दोगुना कर दिया था। बात

सांप्रदायिकता बनाम धर्मनिरपेक्षता की चल रही थी। शुरू-शुरू में हर मित्र दबे शब्दों में मुझे लक्ष्य करके बाबर के अत्याचार पर बात कर रहा था। फिर शराब के नशे के साथ धीरे-धीरे उनमें मुखरता आ गयी। इसके बावजूद मैंने किसानों की आत्महत्या पर अपनी बात केंद्रित रखी और कहा कि उनका क़र्ज़ माफ़ होना चाहिए। इस पर मेरे एक दोस्त ने भड़क कर कहा कि कन्हैया कुमार चोर है और उसका सुर हाफ़िज़ सईद के सुर से मिलता है इसलिए वह पाकिस्तानी एजेंट भी है। इससे ज़्यादा विसंगतिपूर्ण क्या हो सकता है कि मेरे मित्र ने सुर को डिकोड कर लिया लेकिन हमारी ख़ुफ़िया-सुरक्षा-एजेंसियां अपनी अक्षमता का प्रदर्शन करती रहीं। सांप्रदायिकता कितनी क्रूर और हास्यास्पद होती है।

मेरे लिए वह एक महत्त्वपूर्ण दिन था। उस दिन मैं नितांत अकेला और असुरक्षित महसूस कर रहा था। मुझे यह भी अनुभव हुआ कि सांप्रदायिकता असल में वामपंथी विचारों को कुचलने के काम आती है। जब आप किसानों की आत्महत्या की बात करते हैं तो आपके मित्र मुग़लों को गाली देने लगते हैं। अगर आप बढ़ते बलात्कार की बात करते हैं तो आपके मित्र नेहरू को मुसलमान बता कर गाली देने लगते हैं और अगर आप उनसे किसी भी बात का सबूत माँगने लगें तो आपके मित्र सुभाषचंद्र बोस की फ़ाइल खुलवाने की बात करने लगते हैं। लेकिन जब से मित्रों की सरकार आयी है आज तक नेताजी सुभाषचंद्र बोस की फ़ाइल नहीं खुली। इस बात पर मित्र गाली-गलौज पर उतर आते हैं। मुझे उनसे सहानुभूति ज़रूर है लेकिन अपनी सुरक्षा की चिंता ज़्यादा है। अब मैं एक ऐसे आवरण में जीने लगा हूँ, जिसे भक्तों की भीड़ पहचान नहीं पाती। मैंने अपने चेहरे पर उभरने वाले मौलिक भावों को तालों में बंद कर दिया है।

बदले हुए हालात में अब मैं भूख से मरते हुए आदमी को देख कर भी देश की तारीफ़ करता हूँ। मैं थाली पीट-पीट कर भारत के विश्वगुरु होने की बात करता हूँ। बलात्कार की हर घटना के बाद मैं अपनी देशभक्ति का मुखर प्रदर्शन शुरू कर देता हूँ। मुझे अपनी महिला रिश्तेदारों और महिला मित्रों की सुरक्षा के साथ कोई जोखिम नहीं लेना है।

फ़रीद ख़ाँ

'84 के सिख विरोधी दंगे की याद

दिलचस्प है कि आज तक मुझे ऐसा कोई मित्र नहीं मिला, जिसने गुजरात दंगे में नरेंद्र मोदी की संलिप्तता से इंकार किया हो। अभी बंगाल चुनाव के बाद अभिनेत्री कंगना रनौत ने भी मोदी जी को 2000 के बाद वाला विराट-रूप धारण करने को कहा है। सुपर-गुंडई करने की ज़रूरत पर बल दिया है। समझने वालों तक संदेश पहुँच गया कि विराट-रूप का मतलब क्या है। सुपर-गुंडई का मतलब क्या है। इसी तरह हर भक्त-मित्र मानता है कि उन्होंने दंगे करवाये और यह भी मानता है कि हर चुनाव के पहले वह ज़रूर कुछ वैसा ही 'बड़ा' करेंगे, जिससे वह फिर से सत्ता में आयेंगे। वह गुजरात दंगे को तर्कसंगत बताने के लिए गोधरा में कारसेवकों के नरसंहार को कारण बताते हैं। जैसे '84 के दंगे को तर्कसंगत बताया गया था, 'एक बड़ा पेड़ गिरता है तो धरती हिलती ही है' कह कर। ध्यान दीजिए कि यह सब आपके मुँह पर कहा जा रहा है और आप उनसे थोड़ी सी शर्म, थोड़ी सी हिचक, ज़बान में थोड़ी सी लड़खड़ाहट की उम्मीद करते हैं लेकिन होता इसके विपरीत है। शर्म आपको ही आने लगती है। आपको ही अपनी बात कहने में हिचक होने लगती है और आपकी ही ज़बान लड़खड़ाने भी लगती है। बल्कि कहना चाहिए कि आपका पूरा व्यक्तित्व ही लड़खड़ा जाता है। अवसाद और क्रोध आपको हकलाने पर मजबूर कर देता है।

भारी बहुमत के साथ नरेंद्र दामोदरदास मोदी लोकसभा चुनाव में जीत कर देश के प्रधानमंत्री बन गये। चारों तरफ़ हर्षोल्लास का माहौल था। पर मुसलमानों में क्षोभ, दुःख और अवसाद भरा था। तब ऐसे में मैंने सिखों की उस भावना को महसूस किया जब भारी बहुमत से राजीव गांधी को जिता कर देश ने उन्हें प्रधानमंत्री बनाया था। उस राजीव गांधी को जिसने कभी भी सिख विरोधी दंगे को ग़लत नहीं कहा बल्कि उसका समर्थन करते हुए कहा था कि जब बड़ा पेड़ गिरता है तो धरती हिलती ही है। ऐसे व्यक्ति को देश ने सिर पर बैठाया और देश के सर्वोच्च पद पर बैठा कर सम्मानित भी किया। सिख समुदाय के लोग भी कभी अवाक से देखते रह गये होंगे अपने मित्रों को। वे भी अपने मित्रों के बजाय ख़ुद ही शर्म से गड़ गये होंगे। उनकी ज़बान भी लड़खड़ायी होगी। वो भी हकलाये होंगे बदले हुए हालात में।

अपनों के बीच अजनबी

सोशल मीडिया पर अकसर सरकार-भक्त-गण निशाना साधते हुए शिकायत करने लगते हैं कि आप दाऊद इब्राहिम के ख़िलाफ़ तो कुछ नहीं बोलते (जैसे कि हमने दाऊद इब्राहिम का कभी समर्थन किया हो), आप अकबरुद्दीन ओवैसी के ख़िलाफ़ तो कुछ नहीं बोलते (जैसे कि हमने अकबरुद्दीन ओवैसी का समर्थन किया हो), आप कश्मीर के आतंकियों के ख़िलाफ़ तो कुछ नहीं बोलते (जैसे कि हमने कश्मीर के आतंकियों का समर्थन किया हो)। इतने सवालों के हमले से कोई भी सकपका जाये। लेकिन जब पलट कर जवाब दिया जाता है कि दाऊद इब्राहिम को किसी ने माला पहना कर सम्मानित तो नहीं कर दिया है न? अकबरुद्दीन ओवैसी को किसी ने प्रधानमंत्री तो नहीं बना दिया न? कश्मीर के आतंकियों को किसी ने लोकसभा में तो नहीं पहुँचा दिया है न? तब उनके पास कोई जवाब नहीं होता।

इस देश का हर सांप्रदायिक व्यक्ति यह चाहता है कि मुसलमान दाऊद इब्राहिम का समर्थन करे, ओवैसी बंधुओं का गुणगान करे (जबकि ओवैसी की पार्टी ने महाराष्ट्र में भाजपा की देवेंद्र फड़नवीस की सरकार का अप्रत्यक्ष समर्थन किया था), कश्मीर के आतंकियों का समर्थन करे, लेकिन जब उनकी उम्मीदों पर पानी फिरने लगता है तो वे इस्लाम के प्रवर्तक मुहम्मद साहब पर कीचड़ उछाल कर मुसलमानों को भड़काने में कामयाब हो जाते हैं। इस तरह एक ऐसा मुसलमान जो सांप्रदायिकता से बहुत दूर था उसे सांप्रदायिक बना दिया जाता है। क्योंकि वह बेतुकी सांप्रदायिक बातों का जैसे ही जवाब देने लगता है वह उस सांप्रदायिक जाल में फँस जाता है जिसे कई सालों से बिछाया जा रहा है। उस जाल को आप सांप्रदायिक ध्रुवीकरण भी कह सकते हैं। यहाँ यह ध्यान देने की बात है कि यह स्वाभाविक विकास नहीं है। यह सोची-समझी रणनीति का हिस्सा है जिसे घिस-घिस कर स्वाभाविक बनाया जाता है। आप पाएँगे कि सांप्रदायिक लोगों की भाषा, वाक्य विन्यास, अर्ध-विराम और पूर्ण-विराम तक एक जैसे होते हैं। अर्थात इसका कोई एक केंद्र है जहाँ से ये सब कुछ प्रसारित-संचालित हो रहा है, यह समझना बहुत आसान है। लोग इतनी मेहनत भी नहीं करते कि वाक्य थोड़ा बहुत अलग कर लें, लगे कि यह उनके मन की बात है। पर सच्चाई यह है कि ये सब कुछ तो किसी और के 'मन की बात' है।

फ़रीद ख़ाँ

कंगना का ट्वीट

गुजरात दंगे के 19 साल बाद भी नरेंद्र मोदी के भक्तों के लिए मोदी का वही 'विराट' रूप मायने रखता है जो उन्होंने उस समय दिखाया था। विकास उन सरकार-भक्तों के लिए मायने नहीं रखता। इस जुमले की हक़ीक़त उन्हें हमसे ज्यादा पता है।

ट्विटर ने भले ही कंगना के ट्वीट को हटा दिया और उसका खाता बंद कर दिया लेकिन भाजपा ने उस ट्वीट का खंडन किया क्या? भाजपा ने स्वयं को कंगना की बातों से अलग किया क्या? 'सुपर-गुंडई' पर ऐतराज़ किया क्या? नहीं न? वह अपना वोट बैंक नहीं खोना चाहती। उसी तरह किसी भक्त ने रस्म-अदायगी के तौर पर ही सही, ऐतराज़ किया क्या? नहीं, वे अपना सांप्रदायिक सुख नहीं खोना चाहते।

सूरत के श्मशान की चिमनी पिघल गयी। लखनऊ और कानपुर में श्मशान की दिल को दहला देने वाली तस्वीरें सामने आयीं तो मुझे लगा कि अब लोग जीवन और स्वास्थ्य से संबंधित बातें करेंगे। आख़िर इस तरह अपमानजनक मौत कौन मरना चाहेगा? लेकिन हुआ उलटा। लोग पूछने लगे कि मुसलमान क्यों नहीं मर रहे हैं? कब्रिस्तान की तस्वीरें कहाँ हैं? मतलब इस समय भी, जब लोग अपने सगे-संबंधियों की लाशें लिये कतार में लगे हैं, सरकार-भक्तों के लिए अभी भी 'हिंदू-मुसलमान' ही उनका प्रिय खेल है। इसको कहते हैं कर्मठ सरकार-भक्त। हालाँकि इसका व्यापक असर कुछ कम होता दिख रहा है। इसीलिए जब बंगाल में भाजपा चुनाव हार गयी तो सबसे पहले सांप्रदायिक रंग देते हुए कहा जाने लगा कि मुसलमानों के वोट से ममता जीत गयी (यानी अगले चुनाव के लिए हिंदू ध्रुवीकरण शुरू कर दिया गया।)।

आप सरकार के भक्तों के सामने आँकड़े पटक दें तब भी कोई फ़र्क नहीं पड़ने वाला कि इस देश में जिसको 48 प्रतिशत वोट मिले हों वह केवल मुस्लिम वोट से संभव नहीं हो सकता। लेकिन कोरोना की दूसरी लहर में अपनी नाकामी छिपाने के लिए सरकार को फ़क़त एक मुसलमान चाहिए जैसे पहली लहर के समय मिल गया था। पर उनके 'सपनों का मुसलमान' उन्हें ठीक-ठीक आकार में मिल नहीं पा रहा है तो वे बार-बार अपने अतीत की तरफ़ लौटते हैं। वैदिक अतीत की तरफ़ नहीं, 'सुपर-गुंडई' के अतीत की तरफ़। उस सुपर-गुंडई के लिए अदालत से क्लीन चिट वैसे तो

किसी को चाहिए नहीं थी लेकिन यह दिखाना ज़रूरी था 'सिकुलरों' को कि हम कुछ भी कर सकते हैं।

अब जब तक बंगाल में हिंसा होती रहेगी कौन पूछने वाला है कि इस महामारी में आप चुनावी रैलियाँ क्यों कर रहे थे? पंचायत चुनाव क्यों करवा रहे थे? संक्रमित लोगों को अस्पताल में बेड मिला कि नहीं? ऑक्सीजन मिली कि नहीं? आपके पास एक साल का समय था आपने तैयारी क्यों नहीं की? आपदा से लड़ने के लिए जो पीएम-केयर्स-फ़ंड बनाये गये थे उसका कुछ हुआ क्या? उस फ़ंड से ख़रीदे गये वेंटिलेटर काम क्यों नहीं कर रहे हैं? मतलब उसका कोई हिसाब जनता को कभी मिलेगा या नहीं? ऐसे सवालों पर हमेशा एक ही जवाब मिलता है कि इस समय आप राजनीति मत कीजिए। यह जवाब वैसे 'सिकुलरों' और वामपंथियों को दिया जाता है मुसलमानों को नहीं। उन्हें तो उस लायक ही नहीं समझा जाता है।

मुसलमान भी अब चुप रहना बेहतर समझता है कि अगर कहीं उसने मुँह खोला तो कोरोना का सारा दोष उसके सिर पर होगा। ऐसे में कौन जोखिम उठाये। ऐसे में वो उन लोगों की चुपचाप मदद कर रहे हैं जिनकी मृत्यु पर उनके सगे-संबंधी उनको छूने भी नहीं आ रहे हैं। मरीज़ों के लिए ऑक्सीजन का इंतज़ाम कर रहे हैं। अपने वेल्डिंग के कारख़ाने का ऑक्सीजन सिलेंडर उठा कर दे रहे हैं। पत्नी के गहने बेच कर अपने ऑटो रिक्शा को एम्बुलेंस बना रहे हैं और भाइयो-बहनो बोल-बोल कर उसका प्रचार नहीं कर रहे हैं। यहाँ यह स्पष्ट कर देना चाहता हूँ कि इस देश में हिंदू, सिख, ईसाई, बौद्ध, जैन, पारसी, आदिवासी, नास्तिक आदि आदि सभी युद्धस्तर पर लोगों की मदद कर रहे हैं और यह कहना अतिशयोक्ति नहीं होगी कि अगर वे नहीं होते तो देश बर्बाद हो चुका होता। पर मैं इस आलेख में उनकी बात नहीं कर रहा हूँ। मैं यहां सिर्फ़ मुसलमानों के मानसिक उत्पीड़न की बात कर रहा हूँ।

बड़े का अर्थात् बीफ़

2014 में सत्ता परिवर्तन के बाद एक ऐसी चीज़ का बड़ी ख़ामोशी से विकास हुआ

है, जिसने सत्ता समर्थकों पर से भी मुसलमानों का विश्वास ख़त्म कर दिया है, जबकि उसमें सब के सब मित्र ही हैं। लेकिन मित्रों की ट्रेनिंग ऐसी हो चुकी है कि आपकी हर बात का सांप्रदायिक संदर्भ ही निकालेंगे। जैसे अगर अब कोई मुसलमान वंदे मातरम् या जन-गण-मन गाता है तो सरकार-भक्त फ़ौरन उसका सांप्रदायिक सुख लेने लगते हैं कि उनके दबाव में अब मुसलमान वंदे मातरम् गाने लगे। अगर उनको बताओ कि भाई वो बचपन से वंदे मातरम् गा रहा था तो वे सुनने को तैयार नहीं हैं। आप सिर पटक लें लेकिन वे अपने सांप्रदायिक सुख को खोना नहीं चाहते। ऐसे में मैं क्यों भरोसा करूँ कि कोई भिंडी को बीफ़ बता कर अगर मुझे मारने आयेगा तो मेरे मित्र मुझे बचाने आयेंगे? उस हत्या में भी तो सांप्रदायिक सुख होगा, नशा होगा, मदहोशी होगी। अब मैं यह महसूस कर सकता हूँ कि पाकिस्तान का बहुसंख्यक मुस्लिम समुदाय किस तरह सांप्रदायिक सुख लेता होगा अपने अल्पसंख्यकों के साथ खेल कर।

रेलगाड़ी में सफ़र करते हुए पहले बकरे (खस्सी) का कोफ़्ता या कबाब लेकर चलना बहुत आम बात थी हमारे लिए। बीफ़ लेकर तो पहले भी कोई मुसलमान नहीं चलता था। बीफ़ को 'बड़े का' भी इसीलिए कहते हैं कि जिनकी भावना उससे जुड़ी है उन्हें तकलीफ़ न हो। लेकिन जब से मुसलमानों की मॉब लिंचिंग बीफ़ के नाम पर होने लगी है तब से एक डर सा बैठ गया है। अब हर जगह जान का ख़तरा दिखायी देने लगा है। अब एक-एक व्यक्ति निशाने पर है। आप अपने घर में सुरक्षित नहीं हैं। सड़क और चौराहे तो बीते दिनों की बात हो गयी, मॉब लिंचर तो अब आपको घर में घुस कर मारेंगे और केस हत्यारों पर नहीं चलेगा। उस मरे हुए आदमी पर चलेगा कि उसने बीफ़ रखा था। हत्यारे अगर पकड़े भी गये तो जेल में जाकर माला पहना कर भाजपाई उनका सम्मान करेंगे। इस माहौल में अब मैं कभी भी सफ़र में मांसाहारी खाना लेकर नहीं जाता। जिस शाकाहारी खाने को लेकर जाता हूँ, उसे भी डर-डर कर खाता हूँ। कोशिश करता हूँ कि साथ में चलने वाले यात्रियों को भी एक-दो कौर खिला दूँ ताकि गवाह उपलब्ध रहें कि मैं शाकाहारी खाना ही खा रहा हूँ।

भाजपा सरकार ने महाराष्ट्र में गो-वंश के मांस पर पाबंदी लगा दी। यहाँ यह रेखांकित करना ज़रूरी है कि पाबंदी के पहले भी यहाँ गाय का मांस कहीं नहीं बिकता था, जो बिकता था वह बैल का मांस हुआ करता था इसीलिए 'गो-वंश' शब्द का

इस्तेमाल किया गया और इस तरह उजागर किया गया मानो गौ-हत्या पर पाबंदी लगायी जा रही है। जबकि हुआ यह कि बैल-मांस पर पाबंदी लगायी गयी। बहरहाल, कथित गो-वंश मांस पर पाबंदी के बाद डर का माहौल बन गया था। मैं तो वैसे भी डरपोक इंसान हूँ। राजा विक्रमादित्य के कंधे पर जैसे वेताल चढ़ा रहता था, हमारे कंधे पर डर चढ़ा रहता है।

वरिष्ठ पत्रकार ओम थानवी ने अपने फ़ेसबुक वाल पर 8 अप्रैल 2015 को लिखा था :

> प्रतिबंध लगाना, थोपना भाजपा सरकारों की फ़ितरत बनने लगा है। कोई किस वक़्त कौन सी फिल्म देखे, राज्य तय कर रहा है। क्या खाएं, यह भी। अभी सिर्फ शुरुआत है, आगे देखिए। गौमांस के निर्यात में हम, अमेरिका को भी पीछे छोड़, भारी विदेशी मुद्रा कमा रहे हैं; मगर देश में राज्य गौमांस पर प्रतिबंध लगा रहे हैं। वह भी सभी राज्य नहीं लगा रहे। महाराष्ट्र और गोवा दोनों जगह भाजपा का राज है, पर गोवा – जिसका हाईकोर्ट मुंबई में है – प्रतिबन्ध से बरी है। वजह महज़ इतनी है कि महाराष्ट्र में प्रतिबंध से वोट बैंक मज़बूत होगा, गोवा में कमज़ोर।

इन टिप्पणियों का असर राजनीतिक गलियारों में होता भी है या नहीं पता नहीं लेकिन इस क़ानून से जिन पर निशाना साधा गया उन्हें इंसाफ़ का थोड़ा-थोड़ा अहसास ज़रूर होता है। उन्हें लगता है कि जहाँ अदालतें उनके साथ नहीं खड़ीं हैं वहाँ समाज में कुछ लोग अभी भी उनके साथ खड़े हैं। उनका हालचाल पूछ रहे हैं। शासन-व्यवस्था से 'दूसरों' के अधिकारों के लिए लड़ रहे हैं। इस तरह इस डर के माहौल में ओम थानवी जैसे लोग समाज में इंसाफ़ का असल मकसद पूरा कर रहे हैं।

डर का तो यह आलम है कि जो हिंदू भी बैल का मांस खाते थे उस क़ानून के ख़िलाफ़ बोल नहीं पाये। हमारे घर में पड़ोस की बस्ती से, जो गृह-सहायिका आती थी वह बौद्ध थी, दलित थी। उसे इस पाबंदी से तकलीफ़ हुई, ऐसा उसका कहना था। बातचीत के क्रम में मैंने महसूस किया कि मनोवैज्ञानिक स्तर पर दोनों समुदाय

(मुस्लिम और दलित) अपनी बात एक-दूसरे के मुँह से कहलवाने की कोशिश कर रहा था और ख़ुद चुप रहने का विकल्प चुन रहा था।

गौवंश के मांस पर मुसलामानों का रुख़ या तो नरम रहा है या वे पाबंदी के समर्थन में ही रहे हैं। इसकी सबसे बड़ी वजह यह है कि इसका इस्लाम से कोई लेना देना नहीं है। मुग़लों ने भी गौकशी पर पाबंदी लगा रखी थी और स्वाधीनता आंदोलन में शामिल ख़िलाफ़त समर्थक मुस्लिम नेताओं ने भी गौकशी पर पाबंदी की बात उठायी थी। यहाँ तक कि जिस कश्मीर की पहचान आज एक मुस्लिम-राज्य के रूप में बन गयी है, वहां तो गौवंश का मांस खाना उनकी तहज़ीब में ही नहीं है। ऐसा एक मुस्लिम कश्मीरी ने बताया। इसलिए समझ में आता है कि अभी की कानूनी पाबंदी असल में मुसलमानों की आड़ में हिंदुओं का ध्रुवीकरण और दलितों पर की गयी चोट है। इसीलिए व्यापक अर्थ में ओम थानवी का बयान बहुत महत्त्व रखता है। मैं उनका आभारी हूँ। इसके बाद ही मैंने बिहार में शराब पर पाबंदी का भी विरोध किया। राज्य सत्ता हम पर खाने, पीने, पहनने और रहने के तरीके नहीं थोप सकती। लेकिन मुसलमान जिस तरह गौवंश के मांस की पाबंदी पर चुप हैं, वैसे ही शराब पर लगने वाली पाबंदी पर भी चुप हैं। बाहर से देखने पर हमें ऐसा ही लग रहा है। लेकिन जिस तरह साँप को देख कर कुछ लोगों की आवाज़ चली जाती है, यह चुप्पी कहीं उसी तरह आवाज़ का चले जाना तो नहीं है?

यहाँ रेमन मैग्सेसे पुरस्कार से सम्मानित पत्रकार रवीश कुमार को उद्धृत करना चाहूँगाः

'धर्म राजनीति का सत्यानाश कर देता है। नेता को अधर्मी बना देता है। समाज अधर्म को धर्म समझने लगता है।' (रवीश कुमार, फ़ेसबुक, 15 अप्रैल 2021)

अपनी आवाज़ को दबाते हुए

मेरा अपना अनुभव है कि रेलगाड़ी में चलते हुए फ़ोन आने पर अब कोई सलाम नहीं करता (मैं अपवाद की बात नहीं कर रहा)। दूसरी तरफ़ से अगर कोई सलाम कर

भी दे तब भी उसका जवाब रेलगाड़ी में नहीं दिया जाता। उसे हेलो से ही काम चलाना होता है। ज़्यादातर बातचीत में हूँ-हाँ से ही काम चलाना पड़ता है। 'ट्रेन में बैठ गए' 'गाड़ी चल पड़ी है' ही पूरे वाक्य होते हैं। बाकी आधे-अधूरे वाक्यों के सहारे बात होती रहती है। मानो ज़मीन में गड़े किसी ख़ज़ाने के रहस्य की बातें संकेत में हो रही हों।

एकदम हाल का एक वाकया है, मेरी पत्नी अकेले ही पटना जा रही थी। लोकमान्य तिलक टर्मिनस, मुंबई से ट्रेन पर वह चढ़ी। सेकेण्ड एसी में। उसके आसपास बैठे बड़े ही शालीन यात्रियों को देख कर उसने राहत महसूस की। पड़ोसी चाहे मोहल्ले का हो या ट्रेन का, उसके अच्छे होने की कामना हर किसी को होती है। फिर धीरे-धीरे बर्थ पर बिछाने के लिए चादरें खुलीं। फिर लोग खुले। फिर वो सब शालीन यात्री निरंतर 28 में से 20 घंटे तक मुसलमानों को गाली देते रहे। मुसलमानों को मार कर फेंक देना चाहिए। ग़द्दार होते हैं साले। थाली में छेद करते हैं। खाते 'यहाँ' का हैं, गाते 'वहाँ' का हैं। वे सब तो मुसलमानों को गाली देकर, डकार मार कर सुखपूर्वक सो गये लेकिन मेरी पत्नी निरंतर 28 घंटे जगी रही, एकदम चौकन्ना होकर, मार दिये जाने के डर में।

उसी ट्रेन से एक बार मैं पटना जा रहा था। एक साथी यात्री बड़े ही शालीन और पढ़े-लिखे से थे। अपने परिवार के साथ चल रहे थे। साथ में बिहार का एक बंगाली व्यक्ति भी था। उन्होंने उससे बात शुरू की कि वैसे तो सांप्रदायिकता बहुत बुरी चीज़ है लेकिन अपने देश को एक रखने के लिए अभी इसकी ज़रूरत है।

भाई साहब ने जिस सांप्रदायिकता को बहुत बुरी चीज़ कहा उस बुरी चीज़ से देश को एक रखना चाहते थे।

बंगाली व्यक्ति ने पूछा– कैसे? उन्होंने जवाब दिया कि आप इतिहास देखिए। हम लोग लिबरल थे तब क्या हुआ? अमेरिका हमारे देश में था, वह अलग हो गया। ईरान हमारे देश में था, वह अलग हो गया। मलेशिया हमारे देश में था, वह अलग हो गया। अफ़ग़ानिस्तान, पाकिस्तान और बांग्लादेश तो हाल तक हमारे ही थे लेकिन क्या हुआ? तो बंगाली व्यक्ति ने पूछा कि अमेरिका भारत में था कि भारत अमेरिका था? ईरान भारत में था या भारत ईरान में था? कौन किस में था और कौन किससे अलग हुआ? जैसे हमको पता है कि पाकिस्तान भारत से अलग हुआ, उस तरह पूछ रहा हूँ। वह शालीन और सांप्रदायिक व्यक्ति उसका मज़ाक़ उड़ाना समझ नहीं पा

रहा था और मैं हँस नहीं पा रहा था। एक बार फिर से साबित हुआ कि सांप्रदायिकता हास्यास्पद और क्रूर एक साथ हो सकती है। उस शालीन सांप्रदायिक यात्री की बात को मैंने अपने एक मित्र की बात से जोड़ कर समझा कि इसकी बाज़ाब्ता ट्रेनिंग चल रही है। क्योंकि हमारे वह मित्र बताते रहे थे कि खुदाई में पाताल लोक अमेरिका में मिला है। जहाँ से सुरंग में घुसने पर आप सीधे श्रीलंका में निकल सकते हैं। यह वही मित्र हैं जिन्होंने एक बार फ़ेसबुक पर हरे रंग के छिलके वाले संतरे की तस्वीर पोस्ट करके लिखा था कि 'ऊपर से हरा दिखने वालों, तुम भी अंदर से नारंगी ही हो, बस तबीयत से चमड़ी उधेड़ने की ज़रूरत है।' मैं उनको जो बोल नहीं पाया वह यहाँ लिख रहा हूँ कि इस तरह तो सबकी चमड़ी उधेड़ कर देखनी पड़ेगी, ख़ास कर आपकी चमड़ी। मुझे भी आपके अंदर का रंग देखना है। बल्कि शुरुआत ही आपसे करना चाहता हूँ। यह मेरी तात्कालिक प्रतिक्रिया थी। मैंने अपने को शांत किया, उस विचार से ख़ुद को अलग किया और उनकी बात को ख़त्म करने के लिए उन्हें फ़ेसबुक पर ब्लॉक कर दिया लेकिन मुझे अफ़सोस इस बात का है कि अपने एक सामान्य मित्र पर अपना सारा गुस्सा निकाल दिया था उस समय।

कश्मीर और मुसलमान

अकसर मुसलमानों पर आरोप लगता है कि मुसलमान कश्मीर के आतंकवादियों को 'सपोर्ट' करते हैं। यह आरोप अप्रत्यक्ष रूप से मुसलमानों पर ग़द्दारी का आरोप है। जो लोग भारत की संस्कृति नहीं जानते वो अगर मुसलमानों को न जानें तो इसमें ताज्जुब नहीं है। मेरा विश्वास निरंतर पक्का ही होता जाता है कि वर्तमान सरकार के सांप्रदायिक समर्थक अथवा सरकारी-भक्त-मित्र भारत की संस्कृति के बारे में नहीं जानते। बचपन से लेकर आज तक के जीवन में मैंने जितने भी मुसलमान देखे वो सब इस्राइल का विरोध और फ़िलिस्तीन का समर्थन करते हुए तो दिखते हैं लेकिन 'कश्मीर' उनके जीवन में केवल जाड़े में गर्म कपड़ा ख़रीदने से ज़्यादा कोई हैसियत नहीं रखता। पर उन सांप्रदायिक तत्वों का कुछ नहीं कर सकते जो मुसलमानों पर

निशाना साधने के लिए तरह-तरह के तरीकों का आविष्कार करते रहते हैं। उन्हें तो सिविल सेवा में किसी मुसलमान का चुना जाना भी अखरता है और कोरोना के समय बनाये गये 'वार रूम' (संदर्भ : बेंगलुरु में तेजस्वी सूर्या द्वारा बेड स्कैम को दिया गया सांप्रदायिक रंग) में काम करना भी।

मेरे एक मित्र ने अपने सवाल से मुझ पर हमला कर दिया कि मुसलमानों ने आख़िर अनुच्छेद 370 क्यों बना रखा है? एक ही देश में दो क़ानून क्यों? मैंने बस इतना पूछा कि भाई तू यह बता कि अनुच्छेद 370 किसने लिखा था? किसी मुसलमान ने? मित्र को पता ही नहीं है क्योंकि उसके आईटी सेल वालों ने अभी तक इसको लेकर कोई अफ़वाह उड़ायी ही नहीं है। एक तोते को आख़िर क्या मालूम कि सच क्या है और झूठ क्या। तो मैंने उससे कहा, अच्छा छोड़, तू यही बता दे कि आज़ादी के बाद राजा हरि सिंह, माफ़ करना अब तो उन्हें हिंदू राजा हरि सिंह बोलना चाहिए, तो जम्मू-कश्मीर के हिंदू राजा हरि सिंह ने भारत में शामिल होने से इंकार क्यों कर दिया था? क्या हिंदू राजा हरि सिंह हिंदुओं के देश भारत को पसंद नहीं करता था? तब लौह-पुरुष ने अपना लौह क्यों नहीं दिखाया था? वह तो पाकिस्तानी हमले के बाद हिंदू राजा हरि सिंह भागा-भागा भारत में शामिल होने को आया। सोचो, अगर पाकिस्तान ने हमला नहीं किया होता तो जम्मू-कश्मीर आज भी भारत में नहीं होता। तो धारा 370 किस-किस ने मिल कर लिखा? आख़िर कौन लोग मुसलमानों का अलग क़ानून लिख रहे थे? वो किस के दबाव में थे? उसका लाभार्थी कौन था? मैंने आवेश में कहा कि मुझे पता है तू भक्त है तू कभी भी इन सवालों के जवाब नहीं खोजेगा। क्योंकि तुझे देश से मतलब ही नहीं है।

जिनको कश्मीर में ज़रा भी दिलचस्पी है उनको अशोक कुमार पाण्डेय की दो किताब : 1) 'कश्मीरनामा', और 2) 'कश्मीर और कश्मीरी पंडित', पढ़नी चाहिए।

वैसे अशोक कुमार पाण्डेय के हवाले से बता दूँ कि धारा 370 का विरोध उस समय केवल मौलाना हसरत मोहानी ने किया था। मुझे नहीं मालूम कि मौलाना हसरत मोहानी का धर्म क्या था, चूँकि मैंने कभी उनसे पूछा नहीं है। पर हाँ, दंगाइयों की नज़र से देखें तो नाम से वह मुसलमान जैसे लगते हैं। इसके अलावा साधारण तरीक़े से गूगल भी करने पर पता चल सकता है कि धारा 370 लिखने वालों में कश्मीर के

दीवान बहादुर गोपालस्वामी अय्यंगर, जिन्हें जम्मू-कश्मीर का प्रधानमंत्री (1937 – 43) भी कहा जाता है, किस भूमिका में थे? हिंदू राजा के हिंदू दीवान ने धारा 370 लिखा, मुसलमानों के लिए?

पर सबसे बड़ा सवाल यह है कि धारा 370 हटाने के पहले और बाद में हमारे जीवन में कोई अंतर आया क्या? इसके बारे में तो कश्मीरी ही बता सकते हैं। हमारे जीवन पर तो इसका कोई असर नहीं पड़ा है। लेकिन सरकार-भक्त समुदाय के जीवन में ख़ुशी की लहर दौड़ गयी है कि अब वे कश्मीर में ज़मीन ख़रीदेंगे। जो मुंबई में पिछले बीस सालों से किराये पर रहे हैं और जिन्हें कभी-कभी किराया चुकाने में मुश्किल भी आती है, वे कश्मीर में ज़मीन ख़रीदने के नाम पर ख़ुश हैं। कोरोना-काल में जिसको अस्पताल में एक बेड नहीं मिल पा रहा है, ऑक्सीजन सिलेंडर नहीं मिल रहा है और जो अपने प्रियजनों की लाश लेकर कतार में बारह बारह घंटे खड़ा है वह कश्मीर में ज़मीन ख़रीदने की बात पर ख़ुश है। आख़िर वह किसके लिए ख़ुश है? क्योंकि उसे तो पता है कि वह अपने जीवन में कभी भी कश्मीर में ज़मीन नहीं ख़रीदेगा। संभव है कि वह कभी कश्मीर घूमने भी न जा पाये। पर वह ज़मीन ख़रीदने के नाम पर ख़ुश है और 'मुसलमानों-का-क़ानून' हटा दिया गया इस बात पर तो लहालोट हो कर ख़ुश है।

रमज़ान के महीने में एक दिन एक कश्मीरी, जिसे हम नहीं जानते थे, आया और आर्थिक मदद माँगने लगा। कहने लगा कि लॉकडाउन की वजह से उसका काम बंद है। अगर आप ज़कात दे सकें तो बड़ी मेहरबानी होगी।

किसी भी तरह के कश्मीर-कनेक्शन से इस देश का मुसलमान जितना डरता है उतना शायद ही कोई दूसरा डरता होगा। उसका सीधा सा कारण यह है कि हिंदू कितना भी 'कनेक्टेड' रहे कश्मीर से उसके ऊपर आतंकवाद और ग़द्दारी का आरोप कभी लग ही नहीं सकता। जबकि मुसलमानों को अपने बचाव में ढेर सारी सफ़ाई देनी होगी और इस बात का भरोसा नहीं है कि उसकी बात को सच माना जायेगा।

तो वह कश्मीरी बंदा, उसकी दो बहनें और उनमें से किसी एक का छोटा बच्चा, शायद दो साल का, आये। हमने उन्हें कुछ पैसे दिये और मेरी बीवी ने अपने कुछ पुराने कपड़े भी दिये। तब तक नीचे से बिल्डिंग का वाचमैन आ गया और हमें बताने

लगा कि सोसायटी में कश्मीरी लोग 'अलाउड' नहीं हैं। इनको बोलो जल्दी से बिल्डिंग से बाहर जायें। यह घटना है मुंबई के एक मुस्लिम बहुल इलाके मालवणी की एक मुस्लिम बहुल सोसायटी की। वाचमैन की बात सुन कर जब मैं अपमानित महसूस कर रहा था तो वे कश्मीरी कितने अपमानित महसूस कर रहे होंगे? सिर्फ़ पाँच सौ – हज़ार रुपये के ज़कात (मदद) के लिए कुछ कश्मीरी हमारे दरवाज़े पर अपमानित हो रहे थे। जिनको वर्तमान सरकार ने धारा 370 हटा कर हमारे जितना ही नागरिक अधिकार दे दिया है, ऐसा बताया गया है।

यह सच है कि बिल्डिंग में फेरी वाले, सब्ज़ी वाले, चंदा माँगने वाले 'अलाउड' नहीं हैं। फिर भी दूध वाला, अंडे वाला, इस्त्री वाला तो आता ही है। घर में काम करने वाली बाई आती ही हैं। पर वे सब कश्मीरी नहीं हैं क्या इसलिए आते हैं? अगर वाचमैन ने कहा होता कि चंदा और ज़कात वाले 'अलाउड' नहीं हैं तो बात बुरी नहीं लगती पर उसने ख़ास कर 'कश्मीरी लोग' कहा था। बाद में पता चला कि ऐसा कोई लिखित नियम नहीं है, हो भी नहीं सकता। ऐसी चीज़ें अघोषित होती हैं।

हम लोग सोसायटी में अभी नये हैं इसलिए हमने बहस करना ज़रूरी नहीं समझा और हमने उस कश्मीरी बंदे को जल्द से जल्द बिल्डिंग से बाहर निकलने की सलाह दी और उसके जाते ही वाचमैन से फ़ोन करके पूछा भी कि वे चले तो गये न? आख़िर हम भी तो कोई जोखिम नहीं लेना चाहते हैं अपने नागरिकों के लिए।

जगहों के नाम बदलना

जगहों के नाम रखने और बदलने में निश्चित रूप से राजनीति होती है। इसके माध्यम से हम अपने स्वर्णिम इतिहास और संस्कृति को याद रखते हैं। वर्तमान सांप्रदायिक सरकार भी कुछ 'अलग' तरह से अपना सांप्रदायिक इतिहास हमारे अवचेतन में बुन रही है। सामान्यतः यह सरकार उन जगहों के नाम बदल रही है जिनके पुराने नाम (लोकप्रिय धारणा के अनुसार) का संबंध मुसलमानों से है, इसके अपवाद भी निश्चित रूप से होंगे।

चूँकि लोकप्रिय धारणा यह है कि मध्यकाल के तमाम मुस्लिम बादशाहों का संबंध आज के मुसलमानों से है और कई मुसलमान भी इसकी पुष्टि करते मिल जाएँगे, इसलिए फ़ासीवादियों के लिए भारत से अधिक उर्वरक मैदान इस वक़्त दुनिया में कहीं नहीं है। फ़ासीवादी स्मृतियों पर चोट करते हैं। इसलिए अगर आपकी स्मृति में यह दर्ज है कि मध्यकालीन भारत में ख़ास कर मुग़लों का काल स्वर्णिम युग था तो आपकी स्मृति को ख़त्म करने की कोशिश की जायेगी ताकि आप भूल सकें कि भक्ति आंदोलन जैसा महान आंदोलन उस मध्यकाल में हुआ और किसी (मुस्लिम) बादशाह ने उसे कुचला नहीं। आपको भूलना होगा कि उन 'आततायियों' के दौर में भक्त कवि मीरा बाई के ससुराल वालों ने उन्हें अपने महल से बाहर निकाल दिया और मीरा बाई उस दौर में राजस्थान से चल कर दिल्ली और दिल्ली से चल कर मथुरा वृंदावन में आकर रहीं और पूरे रास्ते में उन्हें किसी ने छुआ भी नहीं। आपको मैं यह नहीं बताऊँगा कि मीरा बाई के ससुराल वाले कौन थे। जबकि आज इक्कीसवीं सदी के भारत में हर बीस मिनट से एक घंटे के दरम्यान बलात्कार की रिपोर्ट आती है, आपदा के काल में भी। हमें भूलना होगा कि अकबर के दरबार के टोडरमल ने क्या किया। तानसेन ने क्या किया। साहित्य में अमीर ख़ुसरो, रहीम और रसखान ने क्या किया। मध्यकाल के स्थापत्य कला के बारे में मैं क्यों कुछ कहूँ जब वे ख़ुद अपना इतिहास कह रहे हैं। मैं इतिहास का विशेषज्ञ नहीं हूँ इसलिए इतना ही कह पा रहा हूँ।

लोकतंत्र के विकास के पहले तक दुनिया का कोई भी राजा (बादशाह) तानाशाह ही था। इसलिए उनकी तानाशाही को मैं कभी भी आलोचना का बिंदु नहीं मानता, उसे उस काल की सीमा मानता हूँ। जबकि लोकतंत्र में तानाशाही को मैं आलोचना का सबसे महत्वपूर्ण बिंदु मानता हूँ। कहने का अर्थ यह है कि मुझे उनके अत्याचार, उनकी सीमाएँ, उनके अहंकार के बारे में पता है। इसके विपरीत इक्कीसवीं सदी में भी जब कोई तानाशाही की बात करता है तो वह मेरे लिए चिंताजनक है।

अब यह भी देखिए कि जगहों के नाम बदल कर आख़िर यह सांप्रदायिक सत्ता किसका नाम लिख रही है। यह सत्ता जो दिन रात भगत सिंह और सुभाषचंद्र बोस का नाम लेकर गांधी और नेहरू को गरियाती है उसने एक भी जगह का नाम भगत सिंह या सुभाषचंद्र बोस के नाम पर रखा है? इसके उलट इस सांप्रदायिक सत्ता ने

उनका नाम ऐसे लोगों के नाम पर रखा, जिन्होंने स्वाधीनता संग्राम में हिस्सा नहीं लिया था। बल्कि ब्रिटिश राज से माफ़ी ही माँगी थी। जिन्होंने कभी अंग्रेज़ों की सत्ता की आलोचना नहीं की थी। जिनका न तो दर्शनशास्त्र के क्षेत्र में कोई योगदान है न विज्ञान के क्षेत्र में। न साहित्य, कला में जिनका कोई योगदान है न संगीत और नृत्य के क्षेत्र में। जो राजा राम मोहन राय के रास्ते पर भी नहीं चले और न ही विवेकानंद के रास्ते पर। इस सांप्रदायिक सत्ता ने उन जगहों पर ज्योतिबा फुले का नाम लिखना भी ज़रूरी नहीं समझा न भीमराव आंबेडकर का। मौलाना हसरत मोहानी के नाम की तो कल्पना भी नहीं कर सकता मैं। कोई यही निर्णय कर सकता था कि 'संविधान-सभा' में जितने सदस्य थे, उन सबके नाम पर जगहों के नाम बदले जाएँगे तो भी एक बात समझ में आती।

कुल मिलाकर राष्ट्र निर्माण में जिनका कोई योगदान नहीं है, यह सांप्रदायिक सरकार उनका नाम लिखवा रही है। इसको कहते हैं हमारी स्मृतियों को पोंछ कर अपनी स्मृतियाँ थोपना। जैसे दीवार पर गोबर से गोयठा (उपला या कंडा) थोपते हैं।

रोहित वेमुला का सुसाइड नोट

कुछ लोग शब्दों से मुझ पर हमले इसलिए करते हैं क्योंकि मैंने फ़ेसबुक प्रोफ़ाइल में रोहित वेमुला की तस्वीर लगा रखी है। इस बहाने वो एक साथ मुसलमान और दलित दोनों पर शाब्दिक हमला करने का सुख ले लेते हैं। यहाँ तक कि वो कम्युनिस्टों पर हमला करने का सुख भी इसी में ले लेते हैं – एक पंथ तीन काज।

रोहित वेमुला को उसकी आत्महत्या से पहले मैं नहीं जानता था। उसकी आत्महत्या के बाद उठे प्रतिरोध के स्वर हमारे कानों तक पहुँचे और हमने जानना शुरू किया। रोहित का सुसाइड नोट पढ़ा और भीतर तक हिल गया। वह विज्ञान लेखक बनना चाहता था लेकिन उस जाति व्यवस्था ने, जिसका मैं भी एक लाभार्थी हूँ, उसे केवल एक सुसाइड नोट लिखने का ही मौका दिया। मेरे अपराध बोध का एक बड़ा कारण यह भी था कि मैं एक पेशेवर लेखक बन गया, मैं अपनी लेखनी से पैसे कमा

रहा हूँ और घर चला रहा हूँ। जबकि रोहित पर, जो एक विज्ञान लेखक बनना चाहता था, अपने दोस्तों के क़र्ज़ थे क्योंकि प्रशासन-व्यवस्था ने उसके हक़ के पैसे रोक रखे थे। बवाल के बाद चुनावी माहौल देख कर प्रधानमंत्री कहते हैं कि माँ भारती ने अपना बेटा खोया है। प्रधानमंत्री को उसके मरने के बाद पता चला कि वह माँ भारती का बेटा था। शिक्षा मंत्री हो या कुलपति, सबने उसके साथ ना-इंसाफ़ी की तो क्या प्रधानमंत्री को माँ भारती के बेटे को मरणोपरांत इंसाफ़ नहीं दिलवाना चाहिए? मेरा पूरा यकीन है कि अगर रोहित ने दंगे किये होते तो आज सरकार में मंत्री होता। प्रधानमंत्री कहते हैं कि उस पर राजनीति नहीं होनी चाहिए। क्यों नहीं होनी चाहिए? राजनीति के ही कारण तो उसकी स्कॉलरशिप रोकी गयी थी, हॉस्टल से निकाला गया था, उसने आत्महत्या की थी। तो उसके विरोध की राजनीति क्यों नहीं की जानी चाहिए?

हमारे मित्र भी कहते हैं कि राजनीति नहीं करनी चाहिए और किसी भी मुद्दे पर बात करते हुए वे कभी रोहित वेमुला की आड़ लेकर मुझे गरियाने लगते हैं और कभी मेरी आड़ में रोहित वेमुला को गरियाने लगते हैं। उन्हें पसंद नहीं आता है कि मैंने प्रतिरोध स्वरूप रोहित की तस्वीर को ही अपनी फ़ेसबुक प्रोफ़ाइल की तस्वीर बना रखी है। अचानक एक दलित विरोधी ने एक दिन कहा कि अधिकार माँगने वाले कभी देश के प्रति कर्त्तव्य की बात नहीं करते हैं। मैंने भी काग़ज़ कलम उठा कर पूछा कि चलो, कर्त्तव्य बताओ मैं नोट करूंगा। आज तक उन्होंने न तो कर्त्तव्य बताया न दलितों का विरोध बंद किया।

ऊना, गुजरात में दलितों की पिटाई पर प्रधानमंत्री कहते हैं – मेरे दलित भाइयों को मत मारो, मारना है तो मुझे मार लो। देश के प्रधानमंत्री इतने कमज़ोर है कि माँ भारती के बेटों की पिटाई करने वालों पर कार्रवाई का निर्देश नहीं दे सकते बल्कि अपने सांप्रदायिक और हिंसक वोटरों के सामने ख़ुद को ही पेश कर रहे हैं। ऐसा भी हो सकता है कि यह एक चुनावी जुमला हो। क्योंकि प्रधानमंत्री अपने उन हिंसक और सांप्रदायिक भक्तों के सामने तो कभी गये नहीं कि आओ मुझे मारो। हमारे मित्रों के पास भी इसके जवाब नहीं होते। आईटी सेल उन्हें दूसरे मुद्दे पर गाली-गलौज करने के काम पर लगा देता है। अपनी बात आगे बढ़ाऊँ इसके पहले रोहित के लिए अपनी एक कविता साझा करना चाहता हूँ –

रोहित वेमुला की मुस्कान

मैंने तस्वीर हटानी चाही कई बार रोहित वेमुला की अपनी दीवार से।
लेकिन हिम्मत नहीं कर पाया उसकी ओर हाथ बढ़ाने की।
हर बार लगता है यह बेईमानी होगी।

वह लेखक बनना चाहता था, उम्र में मुझसे छोटा भी था।
मैं पेशेवर लेखक हूँ, उम्र में उससे बड़ा हूँ।
प्रतिस्पर्धा के भय में जीता हूँ।
और वह निर्भय हो कर मुस्कुराता था।

आख़िर नियम के विरुद्ध वह कैसे मुस्कुराता था,
जबकि एक लेखक के रूप में हमने
उसे सिर्फ़ एक सुसाइड नोट ही लिखने का मौका दिया।

अपने सुसाइड नोट में उसने रची पहली बार एकलव्य की महाभारत।
जो सीधे गिरी जाकर व्यास के रास्ते पर और व्यास चुप हैं।
मनु के कमरे में दरवाज़े से कोई सरका गया और मनु स्तब्ध हैं।
हस्तिनापुर अपनी बौखलाहट में पूछ बैठता है –
दलित तो बहुत से हैं, हर कोई आत्महत्या तो नहीं करता?
वह फिर भी मुस्कुराता रहता है अपनी तस्वीर में और हमारी झुँझलाहट बढ़ाता है।

दलित बहुत सारे हैं। उन्हें आत्महत्या का मौका भी नहीं मिलता।
वे सपना देखने के पहले ही मार दिए जाते हैं।
और जो सपना देखने की हिम्मत जुटाते हैं उन्हें पूरी तैयारी से मार दिया जाता है।
फाँसी के फंदे मज़बूत होने चाहिए, यह निश्चित किया जाता है।

फ़रीद ख़ाँ

उसकी मुस्कुराती आँखें किसी पर उंगली नहीं उठातीं,
पर हमारे लिए और कोई विकल्प भी नहीं छोड़तीं।
हम या तो उसकी आँखों का सामना करें।
या उसको मुस्कुराता छोड़ कर सामने से हट जाएँ।

महिला विरोध

हॉलीवुड से शुरू होने वाले #मीटू आंदोलन ने बहुत सारे लोगों की कलई खोल कर रख दी है। अभी तक ऐसा लग रहा था कि अंधभक्त केवल सरकार के विरोधियों का विरोध करते आ रहे हैं। पर समझ में आया कि ऐसा नहीं है। वे दलित विरोधी के साथ-साथ महिला विरोधी भी निकले। इसकी एक बानगी देखिए। कई मित्रों को यह विश्वास है कि मैं सांप्रदायिक मुस्लिम नहीं हूँ। कई को यह विश्वास है कि मैं मुस्लिम ही नहीं हूँ। इसलिए मेरे सामने आते ही वे कम्युनिस्टों को गरियाने लगते हैं। #मीटू पर बहस में ऐसा ही हुआ। वे विनोद दुआ को गरियाने लगे कि जैसे ही उस वामपंथी पर आरोप लगा सब के सब चीन के दलाल चुप हो गये। मैंने कहा कि हाँ चुप हो गये। कम्युनिस्ट होते ही चरित्रहीन हैं। तो आप विनोद दुआ पर लगे #मीटू का आरोप सही तो मानते हैं न? मेरा इतना पूछना था कि वे हिंदी फ़िल्म और टीवी से जुड़ीं विनीता नंदा को भला बुरा कहने लगे।

बीस साल के बाद उसको याद आया कि उसके साथ बलात्कार हुआ है?

यह सवाल वे पूछ रहे हैं जिन्होंने बाबर द्वारा मंदिर तोड़ कर मस्जिद बनाये (?) जाने की घटना को पाँच सौ साल बाद याद करके पूरे देश का माहौल सांप्रदायिक बना दिया और उत्तर भारत को हिंसा में झोंक दिया। मैंने यह बात कही नहीं। फिर भी मैंने उनको याद दिलाने की कोशिश की कि भाई आपको कम्युनिस्टों का विरोध करना है #मीटू का नहीं। लेकिन वे नहीं माने। उन्होंने एक औरत के लिए वे सारे शब्द इस्तेमाल किये जिसकी कल्पना बहुत आसान है। हम सब उसी स्त्री विरोधी व्यवस्था की उपज हैं आख़िर, हिंदू हों या मुसलमान। महिला विरोध के मामले में दोनों भाई खाय मलाई।

अपनों के बीच अजनबी

सांप्रदायिक सरकार ने एक बार में तीन तलाक़ को अवैध करार देकर बहुत स्वागत योग्य काम किया है। इस बात पर हिंदू पुरुष बहुत ख़ुश हैं और मुस्लिम स्त्री-पुरुष ख़ामोश।

भाजपा के वोटर अथवा सरकार-भक्त-मित्रों को मुस्लिम महिलाओं का दर्द देखा नहीं जाता है इसलिए तीन तलाक पर पाबंदी लगवायी है। इसकी जितनी भी सराहना की जाये कम है। जब गुजरात के दंगे में दंगाइयों ने तलवार से एक गर्भवती मुस्लिम महिला का पेट चीर कर उसके बच्चे को बाहर निकाल दिया था तब भाजपा के वोटर द्रवित हो उठे थे और उन्होंने उस राज्य के मुख्यमंत्री को प्रधानमंत्री बना दिया। कठुआ में एक आठ साल की बच्ची के साथ बलात्कार हुआ तो भाजपा के वोटर इतने द्रवित हुए कि बलात्कारी के पक्ष में तिरंगा झंडा लेकर, भारत माता की जय का नारा लगा कर जुलूस निकाल दिया। बलात्कारी के पक्ष में ऐसा ही जुलूस उन्नाव में भी निकला। क्योंकि पीड़िता के पूरे परिवार की हत्या से भाजपा के वोटर, समर्थक अथवा सरकार-भक्त तड़प उठे थे। मुझे याद आता है कि छत्तीसगढ़ की भाजपा की ही सरकार के काल में सोनी सोरी की योनि में पत्थर घुसेड़े गये थे। इस कारनामे से ज़रूर भाजपा का वोट प्रतिशत बढ़ा होगा।

उपरोक्त बातों के बाद निश्चित रूप से मुसलमानों पर हमले के तर्क खोजना लाज़िमी है। खोजना ही चाहिए। मुसलमान कोई दूध के धुले तो हैं नहीं। लेकिन आपको तय करना होगा कि आपका मकसद क्या है? नफ़रत से अपना मनोरंजन करना या मुस्लिम समुदाय में सुधार? अगर आपका मकसद सुधार होता तो आप सोचते कि मुस्लिम समुदाय में तीन तलाक़ को लेकर कोई प्रतिक्रिया क्यों नहीं हुई? क्योंकि आपकी सांप्रदायिक सरकार ने केवल आपको सांप्रदायिक सुख देने के लिए यह क़ानून पास किया है। मुसलमान उनके लिए हमेशा आपके वोट पाने का साधन था और रहेगा। क्योंकि एक बार में तीन तलाक़ का विरोध मुस्लिम समुदाय के भीतर आज से नहीं कम से कम चालीस सालों से होता आ रहा है और एक ज़रूरी बात यह है कि इस क़ानून से मर्दों के तलाक़ देने के हक़ पर कोई आँच नहीं आती है। औरतों को अभी भी तलाक़ देने का हक़ नहीं है। इस महीन खेल को समझने की कोशिश करनी चाहिए। इसलिए मुस्लिम मर्द इस क़ानून पर ख़ामोश हैं। यह सांप्रदायिकता का

पुरुषवादी पहलू है कि भाजपा के सांप्रदायिक वोटर को महसूस हो कि मुस्लिम मर्दों का कुछ तो दमन हुआ। उन्होंने इसी में 'विकास का गुजरात मॉडल देखा।'

तीन तलाक़ पर मुस्लिम औरतें

मुस्लिम औरतें तीन तलाक़ पर बनाये गये क़ानून पर सरकार का धन्यवाद करती हैं लेकिन पूछती हैं इसे आपराधिक क़ानून क्यों बना दिया? क्या केवल इतना नहीं हो सकता था कि एक बैठक में बोले गये तीन तलाक़ बेअसर, बेमानी, ग़ैर मौज़ूं या अप्रासंगिक हो जाया करें? अगर घर का मर्द जेल चला जायेगा तो घर का ख़र्च कैसे चलेगा? क्या सरकार मुस्लिम औरतों के लिए कोई मुआवज़ा का प्रावधान कर रही है? ज़ाहिर सी बात है, नहीं। तो ऐसा करके सरकार ने हमारे लिए एक तरफ़ खाई दूसरी तरफ़ कुआँ खोद दिया है। माने जिन औरतों को दंगे में न मार सको उन्हें दाने-दाने को मोहताज करके मार दो।

मुस्लिम औरतों ने सांप्रदायिक सरकार की मंशा समझ ली है। तीन तलाक़ का क़ानून मुस्लिम परिवारों की अर्थव्यवस्था ध्वस्त करने की मंशा से बनाया गया है। ऐसे में कौन औरत अपने शौहर की तीन तलाक़ वाली शिकायत लेकर पुलिस के पास जायेगी? शौहर जेल से बाहर रहेगा तो कम से कम ख़ोरिश तो दे सकता है। लेकिन 'दूसरे' लोग जो औरतों को छोड़ कर चले जाते हैं उन पर भी क़ानून आया है क्या?

अकसर मुझे पटना का माहौल याद आता है। मेरे बचपन में, जब राजीव गांधी की सरकार ने मुस्लिम महिला अधिनियम पास किया था, उस समय पटना इप्टा के नाटक 'माधवी' के शुरू होने के पहले उद्घोषक उस मुस्लिम महिला अधिनियम के प्रति विरोध दर्ज करता था। यह मेरे व्यक्तित्व की पृष्ठभूमि है। वह भाजपा के उभरने का समय था। उस समय भाजपा ने उस अधिनियम का कोई विरोध नहीं किया था। बल्कि वह तो इसका इस्तेमाल हिंदू ध्रुवीकरण के लिए कर रही थी। आज भी भाजपा, 'मुस्लिम महिलाओं की रक्षक', इस अधिनियम का विरोध नहीं करती। इसलिए तीन तलाक़ पर उसके किसी भी तरह के दावे खोखले हैं।

मुस्लिम पर्सनल लॉ

यह तो एक ऐसा मुद्दा है जिसमें अच्छे-अच्छे पढ़े लिखे लोग फँस जाते हैं। मुसलमान भी इस पर रक्षात्मक मुद्रा अपना लेते हैं। मूलभूत प्रश्न से जिसका निपटारा हो सकता है उसके लिए इतिहास में जाकर अपनी सांप्रदायिक संवेदनाओं को झकझोरने की ज़रूरत क्या है?

फ़ेसबुक पर हमारे एक मित्र ने बड़ी ही सधी, नपी, तुली भाषा के आवरण में यह सवाल किया और इस बात का पूरा ख़याल रखा कि वे सांप्रदायिक प्रतीत न हों, कि एक ही देश में मुसलामानों के लिए अलग क़ानून क्यों हो? समान नागरिक संहिता क्यों न हो? तो मैंने उनका जवाब लिखना शुरू किया। मैंने सबसे पहले पूछा कि कौन सा क़ानून मुसलमानों के लिए अलग से है? यह बिल्कुल मूलभूत प्रश्न है। सबसे पहले इसी का जवाब ढूँढना चाहिए। क्या मुसलमानों के लिए अलग से सड़कें बनायी गयी हैं? क्या मुसलमानों के लिए ट्रैफ़िक के नियम अलग हैं? क्या मुसलमानों के लिए सरकार अलग से अदालत लगवाती है? या मुसलमानों की करेंसी अलग है (अगर ऐसा होता तो आपको करेंसी एक्सचेंज के लिए हमेशा बाबरी मस्जिद जाना पड़ता। यह एक मज़ाक़ है) उनके पास इसका जवाब नहीं था। उन्होंने बड़े ही संयम से चुप्पी साध रखी थी लेकिन उनकी पोस्ट पर दूसरे सांप्रदायिक तत्व गाली-गलौज करने लगे। घर में घुस कर मारने की धमकी देने लगे। चूँकि हमारे मित्र ने संयम साध रखी थी तो मैंने भी धमकी पर प्रतिक्रिया देना उचित नहीं समझा और दूसरा सवाल किया। आपने शादी की? उन्होंने मित्रता की छूट लेते हुए कहा – तुझे मालूम नहीं है क्या? मैंने फिर पूछा, कैसे की? उन्होंने जवाब दिया – अग्नि को साक्षी मान कर सात फेरे लिए। तो मैंने पूछा कि आपकी शादी वैध है? इस पर उन्होंने संयम खो दिया। किसी को भी इस सवाल पर संयम खोने का हक़ है। सवाल ही ऐसा है। मेरा दूसरा सवाल था, मैंने निकाह किया है तो क्या मेरी शादी वैध है? उन्होंने जवाब दिया- निःसंदेह। पूरे समाज के सामने तुमने निकाह किया है। अवैध कैसे होगा? तब मैंने कहा कि हम दोनों की शादी को क़ानून वैधता प्रदान करता है, समाज नहीं। उस क़ानून को ही पर्सनल लॉ कहते हैं। जो हमें अपने रीति रिवाजों, धर्मों, परंपराओं के अनुसार परिवार बसाने का अधिकार देता है।

इसी के साथ आपको अपने धर्म, संप्रदाय, रीति रिवाज, संस्कृति के अनुसार जायदाद पर निर्णय लेने का भी हक़ देता है। यही है पर्सनल लॉ। साथ ही हमारे संविधान में यह भी प्रावधान है कि अगर कोई इनसे अलग जाकर अपना परिवार बसाना चाहता है और अपनी जायदाद का निर्णय लेना चाहता है तो क़ानून उसका साथ देगा। क्या आप अब भी समान नागरिक संहिता चाहते हैं? अगर हाँ तो उसका प्रारूप पेश कीजिए। उन्होंने आज तक इसका प्रारूप पेश नहीं किया है। उन्होंने, किसने?

आमिर ख़ान से नफ़रत

सांप्रदायिक सत्ता के भक्त मुसलमानों से बस एक ही अपेक्षा करते हैं कि वह वंदे मातरम् बोलता रहे और जैसे सांप्रदायिक भक्तगण देश के हालात पर न तो कोई टिप्पणी करते हैं न सरकार से कोई सवाल करते हैं वैसे ही मुसलमान भी थाली लेकर बस हरदम तैयार खड़ा रहे कि जब आदेश होगा पीटने लगेंगे। वरना भारत के सांप्रदायिक समाज में उसे पाकिस्तानी एजेंट कहने का चलन है। इस तरह भक्तगण यह कहना चाहते हैं कि पाकिस्तान इतना समृद्ध है कि उन तमाम लोगों को पाल-पोस रहा है (सरकारी भक्तों के अनुसार जो एजेंट हैं उनको) और कमज़ोर भारत सरकार केवल देख रही है। यदा-कदा चीनी एजेंट भी कह दिया जाता है, मुँह का स्वाद बदलने के लिए। लेकिन यह स्वाद टिकाऊ नहीं है। इसमें लैपटॉप-मोबाइल-इंटरनेट-डेटा सब मुँह में आने लगता है। इसमें भारतीय सीमा में चीनी सैनिकों के घुस आने का मुद्दा उठने लगता है। इसमें वह 'किक' नहीं मिलता, जो पाकिस्तान कहते ही मिलने लगता है। वह 'झाग' नहीं उठता है जो कटुआ कह कर गरियाने पर उठता है। उसमें वह 'महक' नहीं उठती जो भुने हुए गोश्त से उठती है।

तो आमिर ख़ान वैसे कौन सा धर्म मानते हैं यह तो मुझे नहीं मालूम, इस विषय पर कभी मेरी बात नहीं हुई उनसे, लेकिन उनसे नफ़रत करने भर के लिए तो वे मुसलमान हैं ही। तो जब दिसंबर 2014 में आमिर ख़ान की फ़िल्म आई 'पीके' जिसके वह न तो निर्माता थे, न निर्देशक, न लेखक। उन्होंने केवल अभिनय किया था और हिंदी

फ़िल्मों में हमारे यहां केवल अभिनेता को देखने का अभ्यास है। तो जो सांप्रदायिक राजनीति के तहत हंगामे करवाये गये उसकी धमक हमारी बैठकों तक भी पहुँची। यही उन हंगामों का मकसद होता है। सोशल मीडिया में मुद्दा उठा। यहाँ तक कि मेरी दो अलग-अलग मित्र-मंडली में यह मुद्दा उठा। सबका एक ही स्वर था कि मुसलमान आमिर ख़ान ने हिंदू धर्म को बदनाम किया है। वे राजकुमार हिरानी को फ़िल्म लिखने और बनाने का क्रेडिट देना ही नहीं चाहते थे। उनके अनुसार लिखा भी आमिर ख़ान ने है और फ़िल्म बनायी भी आमिर ख़ान ने है। अगर आमिर ख़ान को उस फ़िल्म का कैमरामैन भी साबित कर दिया जाता तो मुझे ताज्जुब नहीं होता। तो एक मुसलमान आमिर ख़ान हिंदू धर्म के ख़िलाफ़ इतना कुछ कर रहा था और उसके साथ इतने सारे बड़े-बड़े फ़िल्म मेकर (विधु विनोद चोपड़ा और राजकुमार हिरानी) चुपचाप देख रहे थे? मैंने यह कहा नहीं। यह तो आज मैं लिख रहा हूँ। लेकिन उस वक़्त माहौल ऐसा था कि अगर मैंने मुखर असहमति दिखायी होती तो शायद पिट जाता। अभी मैं चुप्पी साध ही रहा था कि मित्र-मंडली मेरी तरफ़ मुड़ी और मुझे कुछ बोलने पर मजबूर किया। मैंने बहुत संभल-संभल कर उनकी बातों से असहमति जताते हुए याद दिलाया कि दो साल पहले ही तो एक और फ़िल्म आई थी 'ओह माई गॉड' उसमें भी तो वही सब था जो मोटे तौर पर 'पीके' में था। (केवल उसका अभिनेता तथाकथित मुसलमान नहीं था हालाँकि मुझे उनके धर्म के बारे में भी नहीं मालूम लेकिन सामान्य सामाजिक अभ्यास के तहत उनको मुसलमान नहीं कह सकते। यह मैंने कहा नहीं, पर मेरे मन में यह बात थी।) मित्र-मंडली ने इसका तो जवाब नहीं दिया पर मुसलामानों पर हमला करने लगे।

'क्या मुसलामानों के ख़िलाफ़ कोई ऐसी फ़िल्म बनाएगा तो मुसलमान बर्दाश्त करेंगे?'

मैंने जवाब दिया – नहीं।

इस पर उनके नाक और कान से निकलने वाले धुएँ थोड़े कम हुए और वे मुझे राष्ट्रवादी कह कर मेरी तारीफ़ करने लगे। मेरी जान में जान आयी। तब मुझे अपने एक दलित मित्र की याद आयी, जिसे अपने मित्रों के दबाव में एक बार मंडल कमीशन के विरोध में हस्ताक्षर अभियान में शामिल होना पड़ा था। बहरहाल, मैंने फ़ेसबुक पर

मोटे तौर पर ऐसा लिखा था –

पाकिस्तान में जब 'ख़ुदा के लिए' और उसके बाद 'बोल' जैसी फ़िल्म बनी तो वहाँ के कुछ मुसलमानों (बहुसंख्यक सांप्रदायिक मुसलमानों) ने आरोप लगाया कि उन दोनों फ़िल्मों में जानबूझ कर मुसलमानों की फ़ज़ीहत की गयी है। उनका मकसद मुसलमानों को बदनाम करना है। इधर हिन्दी फ़िल्म 'पीके' के एक विरोधी ने भी जब वही तर्क दिया मेरे सामने कि इसमें हिंदुओं की फ़ज़ीहत जानबूझ कर की गयी है और इसमें ज़रूर दुबई का पैसा लगा है, तो पहली बार अनुभव हुआ कि पाकिस्तान और हिंदुस्तान में कितनी समानता है। यह भी अनुभव हुआ कि पाकिस्तानियों की तरह यहाँ के लोग भी अपने देश को पाकिस्तान बनाने के लिए कड़ी मेहनत कर रहे हैं ताकि यहाँ भी पेशावर जैसी घटनाएँ हो सकें। ज्ञातव्य है कि पेशावर जैसी घटनाएँ एक दिन में नहीं होती हैं।

आज जब मैं ये सब लिख रहा हूँ, ख़बर है कि इस कोरोना काल में भारत के सुपर-रिच हज़ारों की संख्या में देश छोड़ कर जा चुके हैं। चुपचाप। उन्होंने आमिर ख़ान की तरह पत्नी का हवाला देकर अपने 'डर' की बात नहीं की। उन्होंने इस देश में बढ़ती असुरक्षा पर चिंता नहीं जतायी। बस उठे और निकल गये। बिना देश की असुरक्षा या डर को ख़त्म किये, देश को अपने हाल पर छोड़ कर निकल लिए। लेकिन जिसने देश में डर और असुरक्षा के बढ़ते मामलात पर लोगों का ध्यान खींचने की कोशिश की, उस आमिर ख़ान को सोशल मीडिया पर देशद्रोही तक कहा गया। अब कोई कह सकता है कि 'सुपर-रिच' असुरक्षा और डर की वजह से देश से बाहर नहीं गये। वो तो कोरोना से बचने के लिए गये। यानी? यानी आपके सुपर-रिच लोगों को इस बात का यकीन है कि इस कोरोना काल में अपने देश में रहेंगे तो जान का ख़तरा बना रहेगा। यह असुरक्षा और डर आमिर ख़ान की असुरक्षा और डर से अलग कैसे है?

वैसे दैनिक भास्कर की रिपोर्ट बताती है कि पिछले पाँच सालों में 29 हज़ार से ज़्यादा अमीरों ने देश छोड़ा है और कोरोना तो मात्र एक साल पहले से इस देश में है, इसलिए कोरोना से बचने के लिए उनके देश छोड़ने का तर्क मैं ख़ारिज करता हूँ।

'बग़ल में कोई मुसलमान नहीं रहेगा'

साल 2007 की बात रही होगी। हमारे प्रिय मित्र मोहम्मद आसिफ़ (बदला हुआ नाम) ने एकता नगर म्हाडा (छत्रपति शिवाजी राजे संकुल) में किराये पर लेने के लिए एक कमरा देखा। टोकन दे दिया गया। एग्रीमेंट पेपर की कार्यवाही शुरू हो गयी। ब्रोकर उन्हें लेकर सोसायटी के सेक्रेटरी के घर गया ताकि एनओसी लिया जा सके। संयोग से वह कमरा सेक्रेटरी के कमरे के बग़ल वाला ही था। तो एग्रीमेंट में उनका नाम देख कर सेक्रेटरी की पत्नी ने आपत्ति कर दी कि उनके घर के बग़ल वाले कमरे में कोई मुसलमान नहीं रहेगा। या तो वह रहेगी या यह मुसलमान। मकान मालिक को कोई दिक़्क़त नहीं थी। किरायेदार को कोई दिक़्क़त नहीं थी। सेक्रेटरी को कोई दिक़्क़त नहीं थी लेकिन सेक्रेटरी की पत्नी को दिक़्क़त थी क्योंकि वह उस धर्म का नहीं था जिस धर्म की सेक्रेटरी की पत्नी थी। उस महिला ने खाना-पीना छोड़ देने की धमकी भी दी थी। ये बातें फुसफुसा-फुसफुसा कर कान में नहीं कही जा रही थीं। खुल कर कही जा रही थीं। मोहम्मद आसिफ़ (बदला हुआ नाम) को सुना कर कही जा रही थीं। सेक्रेटरी की पत्नी ने एक मुसलमान को अपने पड़ोस में न रखने के जो तर्क दिये वह मैं यहाँ नहीं लिख रहा हूँ। कारण तो सांप्रदायिक ही था इसका अंदाज़ा आज के दौर में कोई भी लगा सकता है।

यह संयोग ही था कि मैं उसी संकुल की दूसरी बिल्डिंग में रहता था। अपमान से तमतमाये, लड़खड़ाये मोहम्मद आसिफ़ (बदला हुआ नाम) ने मुझे फ़ोन किया। फिर कुछ दिन हम साथ में रहे। लेकिन इस दौरान हमारी और मोहम्मद आसिफ़ (बदला हुआ नाम) की ज़िद थी कि इस घटना से प्रभावित होकर हम किसी मुस्लिम बहुल इलाके में जाकर नहीं रहने लगेंगे। हम दोनों ही मिश्रित बसावट में रहने के आदी हैं। हम दोनों ही पटना से हैं और आम तौर पर पटना में मिश्रित बसावट ही होती है। बहरहाल, कुछ दिनों के बाद उसी एकता नगर म्हाडा में एक कमरा हमें मिला जिसके सेक्रेटरी की पत्नी को उनके धर्म से कोई दिक़्क़त नहीं थी (वह सांप्रदायिक नहीं थी बल्कि हिंदू थी) और आसिफ़ (बदला हुआ नाम) वहाँ रहने लगे।

क्या मोहम्मद आसिफ़ (बदला हुआ नाम) की मानसिक प्रताड़ना की भरपाई कहीं हो पायेगी?

आज तक़रीबन 2019 से, हम दोनों ही एक मुस्लिम बहुल इलाके मालवाणी, मलाड, में रहने लगे हैं और अकसर यह कहते पाये जाते हैं कि हम तो सस्ता फ़्लैट मिलने की वजह से यहाँ आये हैं। आपने नींद में बड़बड़ाते लोगों को देखा होगा लेकिन जाग्रत अवस्था में बड़बड़ाते नहीं देखा होगा, क्या पता देखा भी हो।

एक बार इस विषय पर मेरे एक मित्र ने कहा कि ऐसी स्थिति आ जाये तो पुलिस की मदद लेनी चाहिए। तो उनके लिए एक वाकया और :

18 और 19 जून 2015 का एक वीडियो कई न्यूज़ चैनलों की वेबसाइट पर है, मुरादाबाद का, जिसमें स्पष्टतः एक भाजपा पार्षद एक मुस्लिम परिवार को केवल इसलिए उस मोहल्ले से निकाल रहे हैं क्योंकि वहाँ हर तरफ़ ब्राह्मणों का घर है। उनका सवाल है कि एक मुस्लिम परिवार आख़िर वहाँ कैसे रह सकता है? यहाँ यह याद रखने की ज़रूरत है कि ब्राह्मणों को मुस्लिम परिवार से दिक़्क़त नहीं थी वरना वे उनके घर ख़रीदने के पहले ही ऐतराज़ करते। यह भी याद रखने की ज़रूरत है कि उस मुस्लिम परिवार को भी उस हिंदू मोहल्ले में रहने से कोई दिक़्क़त नहीं थी। दिक़्क़त तो भाजपा के पार्षद को थी और पुलिस? वीडियो में पुलिस उस महानुभाव को समझाने की बहुत कोशिश कर रही है लेकिन संस्कृति के रक्षक भला क्यों समझने लगे। पुलिस भी क्या करे। उसे ऊपर से कार्यवाही करने का निर्देश ही नहीं होगा, समझा बुझा कर बात ख़त्म करने को कहा गया होगा।

अब हमारे मित्र बताएँगे कि पुलिस की मदद कैसे लें? मुरादाबाद के उस वीडियो में दिख रही है न पुलिस की मदद?

किराये का मकान

पटना का एक किस्सा बताता हूँ, तब आपको समझ में आएगा कि कैसे तीस सालों से सांप्रदायिकता बिहार में जी-जान से कोशिश में लगी हुई है फिर भी कामयाब

नहीं हो पा रही है। हालाँकि जितनी कामयाबी उसे मिली है वह भी बिहार की प्रकृति और संस्कृति के विपरीत है। तो किस्सा यह है कि एक बार मेरे मामा जावेद अख़्तर ख़ाँ को किराये पर मकान लेना था। वह टीपीएस कॉलेज में हिंदी के प्रोफ़ेसर हैं। उनकी पत्नी का नाम मोना झा है। जहाँ वह पहले से रह रहे थे, उसी इलाक़े में किराये पर दूसरा मकान खोज रहे थे। एक अच्छा सा मकान देखा गया। किराया और एक महीने के एडवांस की बात हो गयी। दूसरे दिन जब एडवांस देने गये तो मकान मालिक ने कहा कि उनकी माता जी ने किसी को ज़बान दे दी है। मकान उठ गया है। मामा पर दबाव था कि दस पंद्रह दिनों के भीतर ही मकान ख़ाली करना था। मामी परेशान सी किराना स्टोर से सामान ले रही थीं तभी किराना वाले मुन्नू बाबू (बदला हुआ नाम) ने बताया कि एक बहुत अच्छा मकान उधर ख़ाली है लेकिन बात करने आप अकेले जाइएगा। सर को लेकर मत जाइएगा और बिंदी-सिंदूर भी लगा लीजिएगा। बिंदी तो मामी लगाती ही थीं सिंदूर भी लगा लिया और मकान मालकिन के पास चली गयीं। मकान मालकिन उनके स्कूल की दोस्त निकलीं। दोस्त ने पूछा कि पति क्या करते हैं? तो हिंदी के प्रोफ़ेसर हैं। हिंदी के प्रोफ़ेसर हैं तो नाम पूछने की ज़रूरत ही महसूस नहीं हुई। दूसरे कुछ कारणों से अगले दिन मामा को ही जाना पड़ा एडवांस देने। मकान मालिक मिले। ख़ूब ख़ातिर हुई। मिठाई, चाय – बिस्कुट सब। नाम पूछने की ज़रूरत अभी भी नहीं पड़ी। मकान मालिक के लिए तो पत्नी की सहेली का पति है, इतना ही काफ़ी था। फिर भी चलते-चलते अचानक मकान मालिक ने रोक कर नाम पूछ ही लिया। मामा ने एक पल का वक़्त लिया फिर अपना पूरा नाम बताया। मकान मालिक ने भी एक पल का वक़्त लिया फिर, 'बहुत ख़ूब, बहुत अच्छे', 'नाम में क्या रखा है' आदि आदि बोलने लगे। उन्होंने जरूर शेक्सपीयर को पढ़ा होगा।

मेरे मामा वहाँ से चले। उनके भीतर यह धुकधुकी लगी हुई थी कि वह पीछे से आवाज़ देंगे और कहेंगे कि माता जी ने किसी और को ज़बान दे दी है। मकान उठ गया है। मामा पैदल ही चलते-चलते अपने घर पहुँच गये लेकिन ऐसा नहीं हुआ। दूसरे दिन से पूरा परिवार वहाँ जाकर रहने लगा। बच्चे एक-दूसरे के घर में खाना खाने लगे। कुछ दिनों बाद मकान मालिक की माता जी आयीं। उस वक़्त मामा सिविल सर्विसेज़ की तैयारी करने वाले छात्रों को हिंदी पढ़ाया करते थे। तो जब 'राम की

शक्ति पूजा' पढ़ाते थे तो मकान मालिक की माता जी खिड़की के पास खड़ी हो कर सुनती थीं। फिर धीरे-धीरे उनकी छत पर मचान-थियेटर भी शुरू हो गया। गर्मियों की छुट्टी में बच्चों की वर्कशॉप भी होने लगी। इस दौरान वह मकान मालिक उनसे कई बार मिले जिनकी माता जी ने किसी और को ज़बान दे दी थी। वह मामा को मकान न देने पर हमेशा अफ़सोस करते रहे। वह अफ़सोस नहीं भी करते तो कौन उनसे हिसाब माँगने जा रहा था। पर उनका यह अहसास ही बिहार की मिट्टी की ख़ास बात है वरना सांप्रदायिक तत्व तो बिहार में घात लगाये बैठे ही हैं, यह कौन नहीं जानता।

दुनिया का कोई भी कोना हो, सांप्रदायिक तत्वों का एक ही सपना होता है कि इतनी लाशें गिरें, इतनी लाशें गिरें कि ज़मीन कम पड़ जाये दफ़नाने को और श्मशान की चिमनी पिघल जाये। क़ब्रिस्तान भर चुका है। चिमनी पिघल रही है। गंगा में लाशें तैर रही हैं। कोरोना-काल में एक साल के अंतराल में ही विकास का पर्दाफाश हो चुका है। इसलिए श्मशान के आगे अब दीवारें खड़ी की जा रही हैं जैसे अमेरिकी राष्ट्रपति ट्रम्प के आने पर झुग्गी बस्तियों को दीवार से ढका गया था। एक छोटे से क्षेत्र में ही सही सांप्रदायिक तत्वों का सपना, 'इंसानों की लाशें', साकार हो रहा है।

अब हमारे कई सरकार-भक्त-मित्र-गण पूछते हैं कि भाई, आपको क्यों रहना है हिंदुओं के ही इलाक़े में?

नहीं, मैं कभी नहीं चाहता हिंदुओं के इलाक़े में रहना। मैं जब मुसलमानों के इलाक़े में नहीं रहना चाहता तो हिंदुओं के इलाके में क्यों रहूँगा?

मित्रगण समझ ही नहीं पाये कि अब यह क्या बात हुई भला! मैंने कहा कि मैं मिश्रित आबादी में रहना चाहता हूँ। लेकिन क्या आप चाहते हैं कि हर संप्रदाय अपने-अपने इलाक़े बना कर रहे? मतलब आप चाहते हैं कि हिंदुओं और मुसलमानों के इलाक़े अलग-अलग हों? माफ़ कीजिएगा, ऐसा हम नहीं चाहते।

अलग-अलग इलाक़े पहले से ही हैं।

ठीक कह रहे हैं आप। तो क्या हम और आप अलग-अलग इलाक़ों को सही समझते हैं? एक बँटवारा झेल चुके हैं हम लोग। क्या अभी भी बँटवारा करके रहें?

मित्र ने एक तीर छोड़ा जो सीधे सीने में जाकर चुभा : तो मुसलमान मकान मालिक क्या हिंदुओं को किराये पर देते हैं अपना मकान?

अपनों के बीच अजनबी

वैसे कितने हिंदू मित्र मुसलमानों की बस्ती में जाकर रहना चाहते हैं? आपने चाहा कभी? आपको कभी किसी मुस्लिम मकान मालिक ने अपना मकान देने से इंकार किया? अभी तक मेरी नज़र से ऐसा कोई उदाहरण नहीं गुज़रा है। वैसे हिंदू बहुल बस्तियाँ ही अमूमन किसी भी शहर का प्राइम-लोकेशन होती हैं। उसे छोड़ कर कोई हिंदू क्यों किसी मुस्लिम बस्ती में जाएगा, जहाँ नगरपालिका की गाड़ी भी हफ़्ते या महीने में एक बार आती है। जहाँ पिज़्ज़ा बर्गर की डिलीवरी भी मुश्किल से होती और ऑटो रिक्शा वाला आना नहीं चाहता क्योंकि उधर जाम बहुत लगता है। अगर आप मुस्लिम बस्ती में अपने लिए मकान खोजना चाहते हैं तो मैं आपके साथ रह कर देखना चाहता हूँ कि वहाँ कैसा सुलूक होता है। इससे आपको और मुझे दोनों को एक साथ सच का अनुभव होगा। मेरी भी तो आँखें खुलनी चाहिए।

वैसे सबसे बड़ी बात यह है कि मुसलमान कौन से दूध के धुले हैं। इस संदर्भ में वे भी करते होंगे भेदभाव। अगर यह सच हो भी तो मुझे ताज्जुब नहीं होगा। आख़िर उनकी सांप्रदायिकता और फ़ासीवाद ही तो आज पाकिस्तान भुगत रहा है। भारत में उसका कीड़ा न लगे इसीलिए तो हम इतना बकबक कर रहे हैं और आपसे जूझ रहे हैं। अगर आप मुझे मुसलमानों का वकील समझ रहे हैं तो आप मेरी बात कभी समझ नहीं पाएँगे।

हर किसी की तरह मेरी भी इच्छा थी कि एक कमरे के किराये के मकान से निकल कर किराये के वन-बी-एच-के में रहूँ। अपने एक मित्र की मदद और 'पैरवी' से एक वन-बी-एच-के मिल भी गया। ब्रोकर ने हमसे हँसते हुए पूछा भी कि आपके यहाँ दाढ़ी–टोपी वाले तो नहीं आते हैं न? उन्होंने जोड़ा कि मुझे कोई प्रॉब्लम नहीं होती है लेकिन दूसरे लोग प्रॉब्लम करते हैं। हमने भी 'हम वैसे मुसलमान नहीं हैं' के भाव के साथ, नहीं नहीं करके उनको राज़ी कर लिया। हम रहने लगे लेकिन ग्यारह महीने के बाद दुबारा कॉन्ट्रैक्ट-रिन्यूअल की बारी आयी तो किराये के मोलभाव के दौरान ब्रोकर ने किराया दो हज़ार बढ़ा दिया जो नियम से ज़्यादा थे। बहस हुई। ब्रोकर ने अंततः तुरूप का पत्ता फेंका और कहा कि लोग तो मुसलमानों को आतंकवादी समझते हैं। कौन आपको फ़्लैट देगा? यानी केवल दो हज़ार की वसूली के बाद कोई मुझे आतंकवादी नहीं समझेगा। दो हज़ार में आतंकवाद की समझ बिक जाती है। हमने

भी कोई विरोध नहीं किया। यह सोच कर सब कुछ अनसुना कर दिया कि अगर दो हज़ार नहीं बढ़ाएँगे तो नए सिरे से मकान खोजना, फिर से शिफ़्टिंग का खर्चा, नया ब्रोकरेज, कील-कांटी लगाना और क्या पता फिर से नये नाप के परदे बनवाने पड़ें।

आने वाले दिनों में हमने ब्रोकर से अपना रिश्ता अच्छा बनाया। वह महिला थी और हमारे ही फ़्लोर पर रहती भी थी। तो ज़्यादा मुश्किल नहीं हुई। अगले साल से हमारा किराया सिर्फ़ एक हज़ार ही बढ़ता था। इसमें हमारी पत्नी जी की बड़ी भूमिका थी। 'आंटी' ने हमें 'सोसायटी' में कभी तकलीफ़ नहीं होने दी। हम उनके लिए 'वैसे' मुसलमान जो नहीं थे। लेकिन अगर 'वैसे' मुसलमान होते और बिना किसी मित्र की पैरवी के आते, तो क्या वहाँ के लोग हमें रहने देते?

उसी बिल्डिंग में एक ब्रोकर-अंकल भी रहते थे जो हमारी 'आंटी' से खार खाये रहते थे। शुरू-शुरू में हमारे प्रति उनका व्यवहार बहुत बुरा रहता था। आख़िर धंधे की प्रतिस्पर्धा जो थी। हमारे डिश एंटीना लगाने में उन्होंने जो 'बाधाएँ' पैदा कीं वह बड़ी अपमानजनक थीं। कुछ दिनों के बाद ही हमारी बिल्डिंग की मीटिंग हुई। हम भी गये। अंकल ने कहा कि यहाँ जितने भी भाड़ोत्री (किरायेदार) हैं, सबका पक्का पेपर देखना चाहिए, कौन जाने कौन आतंकवादी हो। मुझे हरिशंकर परसाई की एक कहानी याद आ गयी, जिसमें हर कोई अपने-अपने स्तर पर एक 'टॉर्च' बेच रहा है क्योंकि 'अँधेरा' बहुत घना है और अँधेरे में 'साँप' के काटने का ख़तरा है। बहरहाल, हमने अंकल को भी अपने व्यवहार से जीत लिया।

कौन सा हिंदू राष्ट्र

'उपनिषद गंगा' में काम करने बाद मुझे इतना लाभ हुआ कि पौराणिक कथाओं पर एक अन्य टीवी धारावाहिक के लिए मुझे एक मीटिंग में जाना पड़ा। बुलाने वाले मित्र ने बड़े विश्वास के साथ बुलाया था। लोग बड़े ख़ुश हो रहे थे कि एक मुसलमान लिखने वाला है और मैं निरपेक्ष भाव से मुस्कुरा रहा था। मुझे कभी भी 'स्पेशल-ट्रीटमेंट' पसंद नहीं आया। जैसे कोई विदेशी लड़का/ लड़की धोती कुर्ता पहन ले,

साड़ी पहन ले, बिंदी लगा ले तो कैसा सुख का अहसास होता है। कैसे लोग उत्साह में हेलो सर, हेलो मैडम बोलने लगते हैं। विदेशी व्यक्ति पद्मासन में बैठ जाये तो अपने बच्चों को पीट देते हैं कि कुछ सीख इन विदेशियों से। फिर टी टी (चाय चाय), बिस्कुट बिस्कुट कहते हुए चाय पिलाते हैं। कुछ वैसा ही मेरे साथ हो रहा था। बहरहाल, सब कुछ तय होने के बाद मित्र के साथ सिगरेट पीने बाहर निकला।

बातों ही बातों में मित्र ने पूछ लिया कि फ़रीद भाई हिंदू राष्ट्र से दिक़्क़त क्या है? मैं सतर्क हो गया। मुझे मकान का किराया, घर का ख़र्च, बैंक-लोन का भुगतान सब नज़र आने लगा। मैंने तय किया कि मुझे ऐसी कोई बात नहीं कहनी है जिससे मेरा नया नया काम छूट जाये।

मित्र अपनी बात कह रहा था – मतलब, मुसलमानों को पाकिस्तान दे दिया गया अब हिंदुओं को हिंदू राष्ट्र मिलना चाहिए। जब दो लोग साथ में रह नहीं सकते तो अलग रहना ही बेहतर है न?

मैं सोचने लगा कि अब उधर कुछ लोग मिश्रित आबादी में मकान न मिलने पर सहजता दिखा रहे थे, बल्कि तर्क दे रहे थे कि मुस्लिम बस्ती में मुसलमानों को जाकर रहना चाहिए, इधर दूसरा मित्र अलग-अलग देश में ही रहने को कह रहा है।

मैं रात भर बड़बड़ाता रहा अकेले में कि मुझे ऐसे जवाब देना चाहिए था। मुझे वैसे जवाब देना चाहिए था। मुझे अपने तर्कों से उसे ज़लील कर देना चाहिए था आदि आदि। अक्सर मन होता है पूछने का कि भारत का कौन सा हिस्सा लेकर हिंदू राष्ट्र बनाओगे? जैसे पाकिस्तानियों ने एक विशेष हिस्सा लेकर पाकिस्तान बनाया, जैसे खालिस्तान की माँग करने वाले पंजाब का हिस्सा माँगते हैं, वैसे आप कौन सा हिस्सा चाहते हैं? क्योंकि आपके राष्ट्र में वो हिंदू तो जाएँगे नहीं जिनको सत्तर साल पहले बनाए संविधान में विश्वास है। इसलिए पूछ रहा हूँ। भाई, पाकिस्तान हमेशा अपनी दुर्दशा से हमको यह संदेश देता रहता है कि धर्म के नाम पर राष्ट्र का निर्माण कितना आत्मघाती सिद्ध हुआ है। पर जब तक आपका पेट भरा है आप अपनी बात से पीछे कहाँ हटने वाले हैं, मैं तो केवल बड़बड़ा ही सकता हूँ।

फ़रीद ख़ाँ

गोरखपुर के वे ग्यारह मुस्लिम परिवार

गोरखपुर में गोरखनाथ मठ की सुरक्षा को देखते हुए वहाँ के प्रशासन ने मठ के आसपास के मुस्लिम परिवारों को 'अपना घर अपनी मर्ज़ी से छोड़ने के दस्तावेज़' पर हस्ताक्षर करवाया है।

क्या इसकी व्याख्या यह की जा सकती है कि प्रशासन की नज़र में मठ की सुरक्षा को मुसलमानों से ख़तरा है? उन मुसलमानों से जो वहाँ कम से कम सौ सालों से रह रहे हैं?

वहाँ के ज़िलाधिकारी का कहना है कि किसी पर कोई दबाव नहीं है।

प्रशासन जब डरे हुए समुदाय से दस्तख़त करवाता है तो कभी दबाव नहीं डालता लोग ख़ुद ही दब जाते हैं। उन लोगों से कई पत्रकारों ने बात की, उनके पर्याप्त वीडियो आपको मिल जाएँगे। उनकी बातों से उनके डर का संकेत मिलता है। उन्हें अभी तक नहीं पता कि उन्हें कितना मुआवज़ा मिलेगा। उन्हें शहर में किस दूसरे स्थान पर बसाया जाएगा। अगर इस इलाके से वे मुसलमान निकले तो निश्चित रूप से एक अविश्वास लेकर ही निकलेंगे और सीधे किसी मुस्लिम बहुल आबादी में जाकर बसेंगे। इस तरह धीरे-धीरे वे धकेल दिए जाएँगे एक 'घेटो' में।

क्या इस समय यह पूछना प्रासंगिक होगा कि भाजपा की सरकार इस तरह शासन – प्रशासन का सहारा लेकर क्या अब स्वच्छता अभियान चलाने वाली है? मतलब, दूसरे शब्दों में, जो स्वच्छता अभियान दंगे फ़साद से चलाया जाता है वह अब क़ानून का सहारा लेकर चलाया जाएगा?

एक पत्रकार ने बताया कि ये परिवार पसमांदा मुस्लिम समाज के हैं। बुनकर हैं। तो भाजपा ने यहाँ एक तीर से दो निशाना भी साधा है, पहला मुसलमान और दूसरा पिछड़ा अथवा दलित।

अगर मैं ग़लत नहीं हूँ तो नाथ संप्रदाय में मुस्लिम योगी भी होते हैं। 'अवलि सुलूक' और 'काफ़िर बोध' दो ऐसे ग्रंथ हैं जो बताते हैं कि नाथ संप्रदाय कितना समावेशी और उच्च आदर्श वाला रहा है। जॉर्ज वेस्टन ब्रिग्स की किताब 'गोरखनाथ

एंड द कनफटा योगीज़' में मुस्लिम योगियों का भी ज़िक्र आता है जो गेरुआ वस्त्र पहन कर सारंगी बजा कर गोपीचंद और राजा भर्तृहरि की कथा बखान करते हुए गोरखनाथ की महिमा बताते थे। एक रिपोर्ट में मैंने पढ़ा कि अब इन मुस्लिम योगियों की संख्या महज़ ढाई फ़ीसदी रह गयी है।

धरती-माता, भारत-माता, गाय-माता और पूर्वज-माता

भारत में रहने वाला हर कोई हिंदू है, मुझे इस बात से कभी कोई समस्या नहीं रही है। समस्या इस जुमले को तीर की तरह इस्तेमाल करने वालों से रही है।

एक सरकारी-भक्त-मित्र ने कहा कि भारत में रहने वाले सभी मुसलमानों के पूर्वज हिंदू थे। तुम सबके 'फ़ोर-फ़ादर' हिंदू ही थे।

मैं इस पर प्रतिक्रिया नहीं देता था। तब वह उसका अनुवाद करके बताता था कि तुम सबके पूर्वज-पिता हिंदू ही थे। बीस – पचीस साल पहले जब कोई यह कहता था तो मैं – हाँ, ठीक कह रहे हो – कह कर उसकी हवा निकाल देता था। क्योंकि जिसने भी सीधे-सीधे मुझ से ऐसी बात की, उसे शायद किसी गर्मागर्म बहस की उम्मीद रही होगी। निश्चित रूप से वह मेरी प्रकृति और मेरी पृष्ठभूमि से वाकिफ़ नहीं रहा होगा। मैं उसे निराश कर देता था। उसके नथुनों की गर्म हवा खोखले बाँस की तरह आर-पार हो जाती थी। पर अब कोई मुझ से ऐसी बातें करता है तो मैं उसकी बातों को पहले स्वीकार करता हूँ। जब उसकी हवा निकल जाती है तब उससे कहता हूँ कि कितनी अच्छी बात तुमने कही है। लेकिन भाई, पूर्वज पिता के साथ-साथ हमारी पूर्वज-माता भी तो हिंदू ही रही होगी। मुझे तो यही लगता है कि हमारी पूर्वज-माता हिंदू थी। हमारी 'फ़ोर-मदर'। जैसे धरती-माता, भारत-माता, गाय-माता वैसे ही पूर्वज-माता।

उन्होंने शालीनता धारण करके समझाया, नहीं, भारत में रहने वाले सभी का बाप हिंदू ही था।

मैंने मान लेना ही बेहतर समझा। ये बातें अंधेरी वेस्ट में एक चाय की टपरी पर हो रही थी।

इस घटना के काफ़ी दिनों के बाद एक पार्टी में जब फिर से वहीं बातें निकलीं और जब मुझे इस बात का विश्वास भी था कि मैं अकेला नहीं हूँ, मेरी बातों के समर्थन में भी कई लोग रहेंगे (शायद), फिर भी मैंने वह नहीं पूछा जो मेरे मन था। मैं हिम्मत जुटा नहीं पाया। मुझे कुछ ही दिन पहले एक शुभचिंतक मित्र ने चेताया था कि तुम जो फ़ेसबुक पर सरकार के ख़िलाफ़ लिखते हो, उसकी वजह से शायद तुम्हें काम मिलना मुश्किल हो जाये।

तो मेरा मुँह बंद था और मैं निरंतर मन में बोल रहा था कि जब हर कोई हिंदू है तो क्या हम यह कह सकते हैं कि '84 में हिंदुओं ने हिंदुओं को मारा? 2002 के गुजरात दंगे में हिंदुओं ने हिंदुओं को मारा? बिहार की जातीय हिंसा, जैसे लक्ष्मण पुर बाथे नरसंहार में, क्या हिंदुओं ने हिंदुओं को मारा?

सरकारी-भक्त-मित्र ने शालीनता धारण करके पूछा – क्या सोच रहे हो? मैंने कहा – कुछ नहीं।

लव जेहाद और रोमियो स्क्वाड

जिनका मुस्लिम समुदाय से घोर अपरिचय है, उन्हें लव-जेहाद ज़रूर दिखता है, कोरोना-जेहाद भी दिखता है, सिविल सर्विसेज़ में उत्तीर्ण हो तो वह भी एक जेहाद दिखता है, कोरोना के कारण मृत्यु को प्राप्त हिंदू शव को अगर मुस्लिम युवक कंधा दें तो मदद-जेहाद तो दिखता ही दिखता है। अभी कुछ ही दिन पहले एक सरकारी भक्त ने ट्विटर-जेहाद का भी आविष्कार किया है। माने कि सरकारी-भक्त-मित्र क़ुरान और हदीस का हवाला दे-दे कर इतने प्रकार के जेहाद बताते हैं, बता रहे हैं और आगे भी बताते रहेंगे कि सामान्य मुसलमान चकरा जाता है कि भाई लोग इतना खोद-खोद कर कहाँ से निकाल रहे हैं जो हमने आज तक पढ़ा नहीं और सुना भी नहीं। जिनको इन बातों में चुटकुले का पुट दिखाई देता है वे समाज से कटे हुए हैं।

किसी विद्वान ने कहा था कि सांप्रदायिकता से लड़ने का सबसे कारगर हथियार है 'कम्युनिकेशन' अथवा संप्रेषण। इसे परिचय या अवगत होना भी कह सकते हैं,

मेलजोल भी कह सकते हैं। कम्युनिकेशन-गैप तो पति-पत्नी के रिश्ते तुड़वा दे तो समुदाय क्या चीज़ है वह भी तब, जब उन्हें तोड़ने के लिए पूरी मशीनरी लगी हो।

1989 से 1995 के बीच की बात रही होगी। हमारे दो मामुओं ने जिनसे शादी की, वे नाम से हिंदू हैं। उस समय हम लोग जिस मोहल्ले में किराये पर रहते थे वहाँ मुसलमान ज़्यादा थे। जब एक मामू ने शादी की तो उसके बाद मकान मालिक ने अचानक ही बिना कारण बताये मकान ख़ाली करने को कह दिया। क्या यह बताने की ज़रूरत बची है कि वह मकान मालिक मुसलमान था? दूसरे मामू ने भी शादी कर ली, जिनका ज़िक्र पहले आ चुका है। हमारे निकट-परिवार में थोड़े से अनबन के बाद सभी राज़ी-ख़ुशी शादी में शामिल हुए। हमारी नानी कमर पर दोनों हाथ रख कर इस अंदाज़ में इस मुद्दे पर खड़ीं थीं कि जिसको शादी में शामिल होना हो, हो नहीं होना हो तो न हो। वृहत-परिवार में कुछ रिश्तेदार शादी में शामिल होने के बावजूद विरोध कर रहे थे। बीस पचीस साल उन्होंने तब तक इस विषय पर हम सबको ताना भी दिया जब तक उनके बच्चे ऐसे बहू– दामाद लेकर नहीं आ गये जो मुस्लिम नहीं हैं।

घर के बाहर भी कुछ लोगों ने रास्ता रोक-रोक कर मुझे कोसा और ताना दिया कि आपके मामुओं ने उलटी गंगा बहा दी है। क्या अपनी क़ौम में लड़कियाँ नहीं थीं? यह रास्ता रोकना पत्थर की मस्जिद के पास हुआ था। एक दवा की दुकान में कई लोग बैठे हुए थे। बातें पहले से चल रहीं थीं। गरमा-गरमी हो चुकी थी। जब मैं वहाँ से गुज़रा तो रोक लिया गया। जितने लोग बैठे थे सबको बताया गया कि इनके ही मामू हैं। पहचान लीजिए इनको। मानो निकट भविष्य में मेरे पिटने की कोई ज़बरदस्त आशंका हो।

बात करते हुए थोड़ा भटकने का आनंद ही कुछ और है; तो जिस दुकान का ज़िक्र कर रहा हूं, वह इलाक़े के एक बड़े रईस (वह मुसलमान नहीं थे) की प्रॉपर्टी थी। उनका शामियाने का कारोबार था। इलाक़े की कम से कम तीस प्रतिशत प्रॉपर्टी उनकी रही होगी। इससे ज़्यादा भी हो सकती है। मुझे इन चीज़ों का बहुत अंदाज़ा नहीं है। उन्होंने दो शादियाँ की थीं। एक हिंदू औरत से और दूसरी मुस्लिम औरत से। दोनों के साथ उन्होंने न्याय किया था। दोनों को अच्छी-ख़ासी जायदाद हासिल थी। बड़ा-बड़ा घर मिला था। पूरे इलाक़े में उनके दोनों ही परिवारों का सम्मान था। अभी भी है। जब

मैं होशमंद नहीं था, लोग तब की बात बताते हैं कि एक बार जब पटना में सांप्रदायिक तनाव बढ़ गया था तो हिंदू परिवार की बहू ने सड़क पर निकल कर दोनों ही तरफ़ के सांप्रदायिक तत्वों को ललकार कर कहा था कि कौन किसको मारेगा? हमारा तो एक परिवार हिंदू है और दूसरा मुसलमान। कौन ख़त्म कर सकता है हमको? उनका रूप देख कर दोनों समुदाय के दंगाई पीछे हट गये थे। पटना में 1984 के पहले तक इसी तरह दंगों को टाला जाता था।

पत्थर की मस्जिद की उसी धरती पर खड़े हो कर बल्कि किराये पर चलने वाली दवा की उस दुकान में, जो उस रईस की संपत्ति थी, बैठ कर कुछ मुसलमान मुझे इस बात के लिए धिक्कार रहे थे कि मेरे मामुओं ने मुस्लिम लड़की से शादी नहीं की। गुनाहे-कबीरा कर दिया। इतना बताने का तात्पर्य यह है कि मुस्लिम समुदाय में अंतर-धार्मिक विवाह का स्वागत नहीं होता है (वह रईस भी अगर रईस न होते तो शायद उनके अंतर-धार्मिक विवाह का स्वागत न होता)। न परिवार में न समाज में। वैसे तो किसी भी समुदाय में स्वागत नहीं होता है पर हम अभी मुस्लिम समुदाय की बात कर रहे हैं। अगर हमारी नानी मज़बूती के साथ मामुओं के पक्ष में खड़ीं न होतीं तो शायद रिश्तेदारों को भी खुला विरोध करने का बल मिल जाता। बाद में इस बात की भी नाराज़गी हुई लोगों में कि उन दोनों ने निकाह नहीं किया सिर्फ़ कोर्ट-मैरेज किया। इस पर कुछ लोगों ने तो पीठ पीछे यहाँ तक कहा कि उनके बच्चे जायज़ नहीं होंगे क्योंकि उन्होंने निकाह नहीं किया है। वक़्त के साथ उनके विचार बदले होंगे ऐसी उम्मीद करने में कोई बुराई नहीं है।

तो लव-जेहाद का कारख़ाना कहाँ स्थित है? मैं देखना चाहता हूँ। वह केवल उन्हें ही क्यों दिखाई देता है जो दिन-रात सांप्रदायिक ज़हर उगलते रहते हैं और जब उनसे कहो कि हमें भी दिखाओ तो दिखाते नहीं हैं। यह बात बिल्कुल भूत-प्रेत की तरह है। जिस पर भूत आता है उसे ही भूत दिखाई देता है। ऐसा मेरा अनुमान है। जो भूत नहीं मानते उन्हें न तो भूत दिखाई देते हैं न उन पर कभी भूत सवार होता है।

तो आप भूत को मानिएगा तब न दिखाई देगा भूत? यह एक सरकारी-भक्त-मित्र का तर्क है।

तो मैंने कहा कि फिर तो भूत का इलाज मिल गया, आप भूत को मानना ही छोड़ दो। भूत अपने आप ख़त्म हो जाएगा।

थोड़ा विषयांतर हो रहा है लेकिन एक दिलचस्प बातचीत बताता हूँ। एक सरकारी-भक्त-मित्र ने बताया कि भूत गाँवों में रहते हैं। शहर में ट्रैफ़िक के शोर-शराबे में उनको घबराहट होती है। लो, जिस भूत के चक्कर में लोगों की रूह काँपती है उसी भूत को ट्रैफ़िक में घबराहट होती है। विश्वगुरु भारत की सबसे बड़ी और ताकतवर पार्टी का सदस्य यह कह रहा है तो किसकी मजाल कि बात को काट दे।

तो जिस-जिस ने लव-जेहाद/ षडयंत्र की बात मुझसे की उस-उस व्यक्ति से मैंने उदाहरण देने को कहा। उससे पूछा कि कौन लोग हैं इसके पीछे अभी बताओ। मैं भी चलता हूँ तुम्हारे साथ उन सबसे मिलने। देखूँ, तो कि ये लोग देखने में कैसे लगते हैं। क्या पता उनके सिर पर भी सींग हो। हर सांप्रदायिक आदमी के सिर पर सींग होती है। आपको नहीं दिखाई देती है न? मुझे दिखती है, वही भूत वाला सिद्धांत। आपसे न बन पड़े तो अपनी सरकार से कहिए कि अपने ख़ुफ़िया विभाग से पता करवाये। जासूसों को लगवाये। लेकिन सरकार-भक्त-मित्र हमेशा इस बात पर मोबाइल चेक करते हुए पाये जाते हैं। सरकार उनसे हज़ारों कोस दूर किसी बुर्ज पर बैठी है। उन तक मित्रों की आवाज़ भी नहीं पहुँचने वाली है, यह सरकार के भक्त जानते हैं। इसीलिए शायद व्हाट्सअप पर आईटी सेल का सवाल देखते हैं और कुछ पल के बाद तपाक से पूछते हैं :

क्या मुसलमान अपनी बेटियों को हिंदुओं के यहां ब्याहेंगे?

नहीं ब्याहेंगे! अरे भाई हिंदू भी कौन सा अपनी बेटियों को मुसलमानों के यहाँ ब्याह रहे हैं? प्रिय मित्र, भक्त-मित्र, सरकार-भक्त-मित्र, हम किसी 'अरेंज-मैरेज' की बात नहीं कर रहे हैं। हम तो लव-मैरेज की बात कर रहे हैं। जिसे आप लव-जेहाद का नाम दे रहे हैं।

फिर मैंने पहलू बदल कर पूछा कि क्या पटना के उस रईस ने लव-जेहाद किया था?

उनका जवाब था नहीं, नहीं, वो तो हिंदू थे।

तो धर्म-युद्ध किया होगा?

मैंने फ़ेसबुक पर एक सरकार-भक्त-मित्र को इस विषय पर इतना ही लिख कर जवाब दिया कि 'आपको आँकड़ा चाहिए कि कितनी मुस्लिम लड़कियों ने हिंदू लड़के से शादी की, तो मैरेज रजिस्ट्रार के ऑफ़िस से पता लगाइए'। मुसलमानों से क्यों हिसाब माँग रहे हैं और मुसलमान आपको क्यों हिसाब दें? आप कहीं के हेड मास्टर लगे हैं? ऐसा भी नहीं है कि आपको बड़ी जिज्ञासा है। वरना आप रजिस्ट्रार ऑफ़िस से आँकड़ा निकाल लाते अब तक। पर आप पता नहीं लगाएँगे क्योंकि आपको सचाई तक पहुँचना ही नहीं है। आपको सांप्रदायिकता में जो सहजता प्राप्त है वह धर्मनिरपेक्षता में कहां है। हिंसक प्रवृत्ति के लोग तर्क और तथ्य के मामले में बेहद आलसी होते हैं। ऐसा मेरा अनुभवजनित ज्ञान बता रहा है।

वैसे यह सवाल तो बनता है कि आपको मुस्लिम लड़की का हिंदू लड़के से शादी का आँकड़ा चाहिए ही क्यों? मुझे ग़लत नहीं समझिएगा, मेरा सवाल यह भी है कि आप मुस्लिम लड़के की हिंदू लड़की से शादी का आँकड़ा भी क्यों इकट्ठा कर रहे हैं? अगर इससे मेरे जीवन में रोटी-कपड़ा-मकान का मसला सुलझ रहा हो तो बात समझ में आती है कि आप मेरे जीवन को लेकर दिन रात चिंतित हैं? आपको बहुत-बहुत धन्यवाद पहुँचे। पर आप मेरी चिंता तो निश्चित रूप से नहीं करते हैं। आप तो ज़हर उगलने का काम लिये बैठे हैं तो कम से कम अपने ही रोटी-कपड़ा-मकान का मसला सुलझा लीजिए। अगर लव-जेहाद से आपके रोटी-कपड़ा-मकान का मसला सुलझ रहा हो तो मेरा मशवरा है कि इसमें दिन रात लगे रहिए। पर जो कीजिए ईमानदारी से कीजिए और आलस्य छोड़िए।

बहरहाल, तो यह बात समझ में आयी कि सरकार के भक्त-मित्रों को दिक़्क़त इस बात से है कि मुस्लिम लड़कियाँ हिंदू लड़के से शादी नहीं करती हैं। तो तय पाया कि आपके लिए मुद्दा लड़की है। आपको लड़की की मर्ज़ी से कोई मतलब नहीं है। जैसे हिंदू लड़की मुस्लिम लड़के से शादी कर ले तो भी आपको इसीलिए ऐतराज़ है कि आपको लड़की की मर्ज़ी से कोई मतलब नहीं है।

आपको मुस्लिम लड़की चाहिए, बिना प्रेम किये और बिना उसकी मर्ज़ी जाने। मैं कहना चाहूँगा कि मित्र, आपके जैसे ज़हर उगलने वाले से तो किसी भी लड़की को

शादी नहीं करनी चाहिए। इस देश की हर लड़की को प्रेम करने वाला पति मिले मेरी ऐसी शुभकामना है। आप घृणा के ज़हर में डूब कर आख़िर कैसा परिवार बसाएँगे? आप अपनी संतान की परवरिश भी उसी ज़हर में करेंगे? उनको दादरी के अख़लाक की हत्या करने वाले गौरक्षक बनाएँगे? मतलब आपको नहीं लगता कि आप कुछ ज़्यादा ही उम्मीद कर रहे हैं उस लड़की से जिसके समुदाय से ही आप नफ़रत करते हैं? सरकार के भक्त-मित्र, आप प्रेम करके देखिए, मुस्लिम क्या हिंदू लड़की भी आपसे प्रेम करने लगेगी जिनकी पहरेदारी आप करना चाहते हैं, बिना यह पूछे कि वह आपकी पहरेदारी में रहना भी चाहती है या नहीं।

कम से कम अपने नेताओं से इतनी धूर्तता ही सीख लेते जो समाज में चाहे कितना भी ज़हर घोलते फिरें लेकिन परिवार पर उसकी आँच नहीं आने देते। वे भारतीय संस्कृति का झंडा फहरा-फहरा कर अपने बच्चों को इंग्लैंड और अमेरिका बसाना चाहते हैं क्योंकि उन्हें अच्छे से मालूम है कि यहाँ का माहौल उनके बच्चों के लिए अच्छा नहीं है। आपके नेता पेशेवर तौर पर सांप्रदायिक हैं लेकिन आपका तो व्यक्तित्व ही सांप्रदायिक बन चुका है।

फिर आप तो रोमियो स्क्वाड का भी समर्थन करते हैं। आपकी सांप्रदायिक सरकार एक प्रेम के नायक के नाम पर प्रेमी युगल को पीटने का क़ानून लेकर आयी है और आप इस बात से ख़ुश हैं कि आपकी लड़की सुरक्षित रहेगी। पर आपका भाई, भतीजा, भांजा या आप ख़ुद पीटे जाएँगे यह नहीं सोचा। आप तो दूसरों के पिटने की ख़बर की कल्पना से ही ख़ुश होने लगे हैं। आपकी ख़ुशी का कारण अपनी लड़की से प्रेम या चिंता नहीं है यह तो आप भी जानते हैं। आप लड़कियों की प्रेमी या पति चुनने की मर्ज़ी को नियंत्रित करना चाहते हैं। जी, सच कह रहा हूँ। मुंबई के एकता नगर, म्हाडा के मेरे घर में बैठ कर मुझ से लगभग पंद्रह साल छोटे एक लड़के ने गुस्से में तमतमा कर पूछा था :

तो क्या मुसलमान नहीं करना चाहते अपनी लड़कियों को नियंत्रित?

बिल्कुल करना चाहते हैं और करते भी हैं। भाई उनको भी तो जाहिल, कट्टर, सांप्रदायिक और स्त्री विरोधी होने का हक़ है।

जब बात स्त्री विरोध की आती है तो सांप्रदायिक मुसलमान हों या सांप्रदायिक

हिंदू, दोनों की शक्लों में अंतर करना मुश्किल हो जाता है। एक दूसरे संदर्भ में समर अनार्य का एक फ़ेसबुक स्टेटस यहाँ उद्धृत करना चाहूँगा।

'शनि शिंगणापुर में स्त्रियों को प्रवेश तो हाजी अली में क्यों नहीं – भक्त।

चंद कठमुल्ले मियें 'अपनी' औरतों को हक़ नहीं देंगे तो तू भी नहीं देगा? वैसी जगहें न देखेगा जो देती हैं जैसे – चर्च? बौनों से क़द नापता है कमजर्फ चुगद?' (समर अनार्य, फ़ेसबुक, 9 अप्रैल 2016)।

समर अनार्य के एक-एक शब्द से सहमत हूँ मैं।

तो असल बात है प्रेम का विरोध। वरना आप यह निर्णय ज़रूर लेते कि चलो आज से ऑनर किलिंग बंद, आज से दलित-सवर्ण प्रेम विवाह का विरोध बंद, आज से समलैंगिक संबंधों का विरोध बंद, समान धर्म-समान जाति के प्रेम संबंधों का भी विरोध बंद, पर आप तो हरियाणा में ऑनर किलिंग का भी समर्थन करते हैं, गोत्र का तर्क देकर। दलित और सवर्ण के विवाह का भी विरोध करते हैं, जाति की पवित्रता का तर्क देकर। एक ही धर्म और एक ही जाति के लड़के-लड़की के प्रेम विवाह का विरोध भी आप करते हैं, बिना कोई तर्क देकर। इन बातों को सुन कर, पढ़ कर आपको लगता है कि ये सब बातें हिंदुओं के लिए कही जा रही हैं तो फिर से एक बार साबित होगा कि आप सांप्रदायिक मानसिकता से ग्रस्त एक मनोरोगी हैं। ये सब कुछ सांप्रदायिक मुसलमानों के बारे में भी मैं कह रहा हूं। इस प्रतिस्पर्धा में कौन किससे आगे है यह कहना मुश्किल है। तो असल बात है प्रेम का विरोध।

यूरोप में जिस मध्ययुगीन चर्च ने प्रेम के लिए संत वैलेंटाइन को सूली पर चढ़ा दिया था उसके स्मृति-दिवस वैलेंटाइन-डे पर प्रेमी जोड़े की पिटाई करके आप उस मध्ययुगीन चर्च की परंपरा को ही आगे बढ़ाते हैं। इसलिए कि असल बात है प्रेम का विरोध। आप कह सकते हैं कि नहीं, हम तो चर्च के विरोधी हैं, हमने ओडिशा में ग्राहम स्टेंस और उसके बच्चे को ज़िंदा जला दिया था।

तनिष्क का विज्ञापन

उन्नाव और कठुआ में बलात्कार के आरोपी के पक्ष में जुलूस निकालने वालों, तिरंगा लहराने और भारत माता की जय बोलने वालों को तनिष्क के विज्ञापन में लव-जेहाद दिखाई दे गया। यह बिल्कुल स्वाभाविक है, मानसिक रोगियों को भूत-प्रेत तो कहीं भी दिखेगा। इससे पता चलता है कि हमारे देश की स्वास्थ्य व्यवस्था कितनी ख़राब है। मानसिक स्वास्थ्य पर तो हम कभी ध्यान ही नहीं देते। मैंने कम से कम दस बार उस विज्ञापन को देखा। मुझे तो उसमें दिखाई देने वाली बहू, ससुराल की संस्कृति से अलग, तो बिल्कुल भी नहीं दिखी। किसी भी मुस्लिम परिवार में मैंने ऐसी बहू देखी है और चूँकि हर परिवार के अपने रीति-रिवाज होते हैं उस नाते 'बहू के यहाँ जो होता है' उसकी ससुराल वाले 'वो सब' कर रहे थे। सिर्फ़ गोद भराई की रस्म देख कर अगर कोई उसे लव-जेहाद का नाम देता है तो निश्चित रूप उसे भारतीय संस्कृति की जानकारी नहीं है। सांप्रदायिक होने से कोई सांस्कृतिक नहीं हो जाता। दोस्तो, मुसलमान भी गोद भराई करते हैं। आपने नहीं देखा है क्योंकि आपने भारत को देखा ही नहीं है। वैसे भी सांप्रदायिकता संस्कृति विरोधी ही होती है, भले ही वह संस्कृति की खाल में आती हो इसलिए कुछ लोग सांप्रदायिकता को अपने सीने से लगा कर रखते हैं। मैं पाकिस्तानियों की बात कर रहा हूँ।

फ़ेसबुक पर किसी ने लिखा था कि मुस्लिम लड़के हिंदू लड़कियों को फँसा कर उनकी ज़िन्दगी बर्बाद कर देते हैं। मैंने अपनी किसी दूसरी पोस्ट पर उसका जवाब लिखा था : एक मुसलमान लड़का एक हिंदू लड़की की ज़िन्दगी बर्बाद कर दे इस बात को जितनी गंभीरता से लेना चाहिए उतनी ही गंभीरता से किसी मुस्लिम लड़की की ज़िन्दगी बर्बाद करने को भी लेना चाहिए। ठीक उसी तरह कोई हिंदू लड़का अगर किसी मुस्लिम लड़की की ज़िन्दगी बर्बाद कर दे, इस बात को जितनी गंभीरता से लेना चाहिए उतनी ही गंभीरता से किसी हिंदू लड़की की ज़िन्दगी बर्बाद करने को भी लेना चाहिए। केवल अंतर-धार्मिक विवाह होने पर ही उन्हें विशेष दर्जा नहीं मिल जाना चाहिए। हर लड़की की ज़िन्दगी कीमती है। बहुत सारे फ़कीर, चाहे हिंदू हों या मुसलमान, अपनी पत्नी को घर में अकेला छोड़ कर झोला उठा कर चल देते हैं। उन

लड़कियों की सुरक्षा भी हमारी ज़िम्मेदारी होनी चाहिए। पर उनकी ज़िम्मेदारी कोई लठैत लेने को तैयार ही नहीं है। क्योंकि उससे ख़ून नहीं खौलता, पॉलिटिकल माइलेज नहीं मिलता, समाज में ज़हर नहीं फैलता, पूर्वग्रहों को बल नहीं मिलता, उनके नाम पर दंगे फ़साद नहीं हो पाते। बल्कि इन सबके विपरीत औरतों के हक़ की बात हो जाती है जो आप देना नहीं चाहते।

तो असल बात है प्रेम का विरोध। अपनी मर्ज़ी से जीवन साथी चुनने का विरोध। जो लोग रोमियो जैसे महान प्रेमी के नाम पर रोमियो-स्क्वाड बना कर प्रेमी जोड़ों को अपमानित करते हैं, वैलेंटाइन डे पर उनकी पिटाई करते हैं, बलात्कारियों के पक्ष में तिरंगा फहराते हैं, सिर्फ़ और सिर्फ़ वो ही तनिष्क के विज्ञापन का विरोध कर रहे हैं। मैं देखता हूँ कि ऐसे लोग कभी ऑनर किलिंग पर नहीं बोलते। क्योंकि उसका कारण भी प्रेम का विरोध होता है। ऐसे लोग हर बलात्कार पर अपनी प्रतिक्रिया देने के पहले संप्रदाय और जाति देखते हैं। कभी बलात्कारी की जाति या संप्रदाय उन्हें सुख दे जाता है कभी पीड़िता की जाति और संप्रदाय।

तनिष्क ने जन-भावना देखते हुए अपना विज्ञापन वापस ले लिया। क्यों न ले, जब हम चौरासी में सिखों के संहारकों को जन-भावना देखते हुए बरी कर सकते हैं, जब हम बाबरी मस्जिद ध्वंस के सारे दोषियों को जन-भावना के लिए बरी कर सकते हैं, जन-भावना के लिए दिल्ली पुलिस शाहीनबाग़ के आंदोलनकारियों को दिल्ली दंगे के नाम पर जेल में डाल सकती है, जन-भावना के लिए मुज़फ़्फ़रनगर दंगे के आरोपियों पर से केस हटाया जा सकता है तो तनिष्क अपना विज्ञापन क्यों नहीं हटा सकता है? क्या उसको डर नहीं है? उसका तो व्यापार है। किसी भी व्यापारी को जन-भावना का ख़याल रखना चाहिए। जन-भावना के व्यापार में लक्ष्मणपुर बाथे नरसंहार के दोषी खो गये। जन-भावना के व्यापार में आज तक सिखों को '84 के दंगे का इंसाफ़ नहीं मिला। नये विकास-क्रम में जन-भावना के व्यापार में बलात्कार का समर्थन और प्रेम का विरोध भी जुड़ गया है।

प्रोफ़ेसर आशुतोष कुमार ने फ़ेसबुक पर 29 सितंबर 2020 को लिखा था :

बाराबंकी, उन्नाव, हापुड़, हाथरस . . .

अपनों के बीच अजनबी

उत्तर प्रदेश भले ही रेप प्रदेश बन चुका हो, मुख्यमंत्री की प्राथमिकता रेप नहीं, 'लव ज़िहाद' है। एंटी रोमियो स्क्वाड बनाने से लेकर हालिया घोषणाओं तक बार बार यही बात दुहराई गई है।

गूगल कर लीजिए। केरल से शुरू हुए इस झूठे इल्जाम पर अनेक सरकारें ढेरों रिसर्च कर चुकी हैं, लेकिन आज तक लव ज़िहाद का एक भी प्रामाणिक मामला सामने नहीं आया। आ भी नहीं सकता। लव जिहाद जैसी बकवास में केवल वैसे ही अंधभक्त लोग यक़ीन करते हैं, जो हिंदू लड़कियों को निहायत ज़ाहिल और मोम की गुड़िया समझते हैं, जो किसी भी नामुराद के बहकावे में आसानी से आ जाती हैं। ऐसे लोग सीताओं और द्रौपदियों की तेजस्वी परम्परा से अनजान होते हैं।

बलात्कार बलात्कार है, चाहे बलात्कारी किसी भी धर्म का हो। धर्म के आधार पर बलात्कार को जिहाद या धर्मयुद्ध करार देना बलात्कार को बढ़ावा देना है।

हैदराबाद करने से (एनकाउंटर) रेप रुकते, तो हाथरस नहीं होता। ये हाथरस वाले रेपिस्ट भी हैदराबाद एनकाउंटर के उतने ही जोशीले समर्थक रहे होंगे।

कई बार रेपिस्ट भी, यह शोध से स्थापित है, अपनी तरह से एक एनकाउंटर ही कर रहा होता है। रेप कल्चर से लड़ना है तो लव और रेप में फ़र्क़ करने की तमीज़ सीखना पहला क़दम है।

तो दोस्तो, आप लव-जेहाद बोल कर कितना भी प्रेम के विरुद्ध बोलें, ऑनर किलिंग करें, प्रेम नहीं रुकने वाला। एक ही धर्म-जाति में भी पूरी शिद्दत से प्रेम होता रहेगा और दूसरे धर्म-जाति में भी उतनी ही शिद्दत से प्रेम होता रहेगा।

बात को यहाँ विराम देने के पहले डॉ. पुरुषोत्तम अग्रवाल का एक सवाल उद्धृत करना चाहूँगा जिसे मैंने फ़ेसबुक पर कई बार उद्धृत किया है : *'घृणा से इतना प्रेम क्यों, प्रेम से इतनी घृणा क्यों?'*

फ़रीद ख़ाँ

लव और रेप में फ़र्क़ करने की तमीज़

हाई स्कूल पहुँचते-पहुँचते हमारी भाषा बदलने लगती है। मतलब घर में सीखी गयी भाषा के अलावा बाहर की भाषा भी हम सीखने लगते हैं। दोस्त बनते हैं तो उनके बीच कूट भाषा होती है जिसे दोस्तों के अलावा कोई समझ नहीं पाता। इनमें ज़्यादातर अश्लील बातें, लड़कियों की बातें, काल्पनिक रोमांस की बातें, सेक्स की बातें होती हैं। इसका हक़ीक़त से बहुत कम मतलब होता है। ये सब चीज़ें मनोरंजन करने के लिए बड़ी माकूल होती हैं। अगर उन दोस्तों में कोई बड़ी उम्र का लड़का हुआ तो साथ में काम-शास्त्र पर ज्ञान भी मुफ़्त मिलता रहता है। पर इन सबमें एक चीज़ जो राष्ट्रव्यापी है। वह है 'लेना' और 'देना' की शब्दावली। विश्वव्यापी हो तो ताज्जुब नहीं होगा फ़िलहाल अपने राष्ट्र पर ही रहते हैं। तो संभोग के अर्थ में 'लेना' और 'देना' लड़कों अथवा पुरुषों के बीच की एक कूट भाषा है जिसे हम अपने घर वालों के सामने नहीं बोलते। वैसे तो लड़कियों के सामने भी नहीं बोलते लेकिन कई मंडलियों में मैंने देखा है कि लड़कियाँ भी लड़कों जितना ही सहज हैं इन शब्दों को लेकर।

हम शुरू से ही बड़े सहज हैं संभोग के अर्थ में 'लेना' और 'देना' शब्दों से। पर जब मैं 'लव-जेहाद' की कपोल-कल्पना के विरोध में फ़ेसबुक पर पोस्ट लिखा करता था तो एक भड़के हुए सरकारी भक्त ने मुझे कहा, 'साले कटुए, तेरी क़ौम की लड़की की कोई बाहरी लड़का आकर ले लेगा तो कैसा लगेगा?' गाली सुनने का तो मैं आदी हूँ। लेकिन इस समय मैं 'ले-लेगा' पर अटक गया। मैं सोचने लगा कि अभी तक तो मैं लेना और देना को संभोग से जोड़ता आया हूँ और संभोग करना तो नितांत व्यक्तिगत मामला है, माने ऐसी बात तो है नहीं कि किसी को अपना ख़ून खौलाना पड़े, अपनी भाषा अभद्र करनी पड़े और तो और प्रेम करने वाले लड़कों को खोज-खोज कर पीटना पड़े और एक समुदाय को इसके लिए दोषी मानना पड़े। यहाँ सीधे-सीधे मुस्लिम समुदाय को टार्गेट किया जा रहा था।

मैंने 'लेना' और 'देना' पर सोचना शुरू किया कि संभोग के अर्थ में हम यही दो शब्दों का इस्तेमाल क्यों करते हैं। जैविक रूप से देखें तो देने का काम तो लड़का करता है। फिर वह लेता क्या है? तब मैंने लिख-लिख कर देखना शुरू किया। मैंने लिखा :

मैंने उसकी ले ली या उसने मुझे दे दी।

कई बार लिखा पर रहस्य खुला नहीं कि यह वास्तव में है क्या। कई गुणी जनों से इसका रहस्य पूछा पर किसी ने भी कोई संतोषजनक उत्तर नहीं दिया। तब खोजते खोजते मुझे याद आया कि दिल्ली वाले अक्सर 'कोई बात नहीं' को केवल 'कोई नहीं' बोल कर काम चलाते हैं। इसमें 'बात' साईलेंट है अथवा बीच में रिक्त स्थान है। तो उपरोक्त वाक्यों में भी कुछ साइलेंट अथवा रिक्त स्थान होगा यह सोच कर पहले मैंने एक रिक्त स्थान खोजा और उसमें शब्द भर-भर कर देखा कि कोई अर्थ खुले और अंत में एक शब्द ऐसा मिला जिससे सारे अर्थ खुल गए। वह शब्द था 'इज़्ज़त'। अब देखिए वाक्य : मैंने उसकी इज़्ज़त ले ली। उसने अपनी इज़्ज़त दे दी। तो हम जिसको संभोग के अर्थ में समझ रहे थे वह तो इज़्ज़त की बात निकली और इज़्ज़त व्यक्ति की भी होती है और समुदाय की भी।

प्रेम-प्रसंगों में अक्सर इसीलिए प्रेमी जोड़े को पीट दिया जाता है क्योंकि हमारा अवचेतन यह बताता है कि प्रेमी ने हमारी बेटी-बहन की इज़्ज़त 'ली' होगी। या हमारी बेटी-बहन ने इज़्ज़त 'दी' होगी। धर्म और जाति एक हो तब भी लोग ऐसा सोचते हैं तो धर्म और जाति अगर अलग हो तो मामला एक समुदाय बनाम दूसरा समुदाय हो जाता है। चूँकि अवचेतन के स्तर पर हमारा प्रशिक्षण है कि लड़का तो इज़्ज़त लेता है इसलिए अगर वह दूसरे समुदाय का हुआ तो उसका अर्थ होगा कि दूसरे समुदाय ने हमारे समुदाय की इज़्ज़त ले ली। यानी संभोग को संभोग न मान कर हमारा अवचेतन उसे बलात्कार समझता है? बलात्कार में ही तो इज़्ज़त ली जाती है। सम + भोग में इज़्ज़त लेने की तो बात ही नहीं है। संभोग में तो प्रेम होता है।

तो सांप्रदायिक दंगों में इसीलिए बलात्कार होते हैं? क्या कठुआ में इसीलिए बलात्कार हुआ था? समुदाय की इज़्ज़त ली जा रही थी?

यानी हमारी पूरी समझ ही प्रेम को बलात्कार समझने की है। इस धारणा को ख़त्म करने के बजाय सांप्रदायिक सरकारें बैनर लगा-लगा कर इसको मान्यता देती हैं। प्रेस-कांफ्रेंस कर-कर के मान्यता देती हैं। जुलूस निकाल-निकाल कर मान्यता देती हैं। अपना पूरा नैतिक बल लगा देती हैं। तो यहां यूपी सरकार के 'लव-जेहाद' के संदर्भ में प्रो. आशुतोष कुमार के शब्दों को फिर से दोहराना प्रासंगिक होगा, 'रेप कल्चर से

लड़ना है तो लव और रेप में फर्क़ करने की तमीज़ सीखना पहला क़दम है।’

‘लव-जेहाद’ की अफ़वाह ने मुस्लिम समाज को अपने भीतर संकुचित होने पर मजबूर कर दिया है। जहाँ एक तरफ़ लड़कों के ‘चाल-चलन’ पर पाबंदी लगायी जाती है ताकि उन्हें कोई जान का ख़तरा न हो तो दूसरी तरफ़ लड़कियों पर कोई बदले की कार्रवाई न हो जाये इसलिए उन पर पहले से भी ज़्यादा नज़र रखी जाने लगी है। बुर्के का चलन पहले की अपेक्षा बढ़ा है। इसके मनोवैज्ञानिक विश्लेषण की ज़रूरत है। वो अपने कुएँ में सिमटते जा रहे हैं। मैंने कई मुसलमानों से इस संबंध में बात की तो पहले उन्हें समझ में नहीं आया कि क्या कहें। फिर उन्होंने हाथ जोड़ कर कहा कि हमारी तो जान सांसत में रहती है आजकल, हमसे क्यों कुछ पूछते हैं। यह पटना के एक व्यक्ति का बयान था।

मॉब लिंचिंग

पहले दंगे वहाँ होते थे जहाँ कल-कारख़ाने होते थे। मज़दूर यूनियन होते थे। जहाँ कुछ दिनों से माहौल ख़राब हो रहे होते थे। चूँकि उसका मकसद मज़दूरों की एकता तोड़ना होता था इसलिए कुछ दिनों के बाद माहौल ठीक भी कर लिया जाता था। सरकार का कितना भी हाथ हो उस दंगे में, जो कि होता ही था, लेकिन वह या दूसरे विपक्षी दल कभी भी खुलेआम दंगे के समर्थन में नहीं उतरते थे। इसके विपरीत दंगे के बाद माहौल ठीक करने के लिए पदयात्राएँ आदि भी करते थे। समाज के ज़ख़्म पर मरहम पट्टी किया करते थे। मतलब एक शर्म थी। ये सब लिखते हुए मुझे नैतिक रूप से इतनी शर्म आ रही है कि आज ये दिन आ गये हैं कि अब वे पुराने दंगों वाले दिन, जो निश्चित रूप से अच्छे नहीं थे, अच्छे लग रहे हैं। मेरी बात का जिनको यक़ीन न हो वे सोच कर देखें कि औद्योगिक रूप से किसी पिछड़े हुए शहर और गाँव में सांप्रदायिक तनाव की ख़बरें सुनने को नहीं मिलती थीं। 2013 के मुज़फ़्फ़रनगर दंगे ने इस मिथ को तोड़ दिया। उसने बता दिया कि अब गाँव-गाँव में दंगे हो सकते हैं। अब इन

दंगों का मकसद मज़दूरों की एकता अथवा यूनियन तोड़ना ही नहीं रहा। अब इसका मकसद नफ़रत का प्रचार-प्रसार और साम्राज्य विस्तार है। अब इसका मकसद एक स्थायी सांप्रदायिक ध्रुवीकरण का निर्माण है। इसके लिए कोई एक सांप्रदायिक हिंसा की वारदात से भी लाभ उठाया जा सकता है। माने सैकड़ों लोगों की हत्या का लाभ एक आदमी की हत्या से भी उठाया जा सकता है। ऐसे में ही नये भारत के अच्छे दिनों में मॉब – लिंचिंग का आविष्कार हुआ।

अब कोई भी मुसलमान कहीं भी मारा जा सकता है और उसका सांप्रदायिक लाभ पूरे देश में उठाया सकता है। अब इलाक़े की क़ैद ख़त्म हुई। इसमें गोदी और सांप्रदायिक मीडिया के कंधे पर बड़ी निर्णायक भूमिका निभाने की ज़िम्मेदारी आ गयी है। इसकी चपेट में कुछ दलित भी आये और पालघर में दो हिंदू साधु भी। सांप्रदायिक तत्वों के लिए ये मात्र अपवाद हैं जो हर नियम के साथ अनिवार्यतः चलते रहते हैं। इसके चक्कर में सांप्रदायिक सुख नहीं छोड़ा जा सकता।

अकसर राजनीति में कहीं पे निगाहें कहीं पे निशाना होता है। सांप्रदायिक राजनीति का तो यह परम सत्य है। बढ़ती मॉब लिंचिंग से मुस्लिम समाज तो डरता ही है। क्योंकि उस पर तो सीधे-सीधे हमला हो रहा है लेकिन उसके साथ-साथ भाजपा हिंदू समाज में भी यह संदेश देना चाहती है कि उसके लोग अब किसी के भी घर में घुस कर मारेंगे, अब उनका राज है। लोग इसी बात के लिए वोट भी देते हैं। उन्हें लगता है कि इसी में उनकी सुरक्षा है। इसे गुजरात दंगे की नृशंसता से समझा जा सकता है। मैं यह नहीं मानता कि गुजराती समाज एक क्रूर सांप्रदायिक सरकार चाहता रहा है। उस दंगे में जिस तरह से जनसंहार किया गया उसका असर केवल मुस्लिम समाज पर हुआ होगा, यह मुमकिन नहीं है। उसका व्यापक असर हिंदू जनमानस पर भी हुआ होगा कि अगर सरकार की बात नहीं मानी तो उनका हश्र भी वही होगा जो मुसलमानों का किया गया। गुजरात के हिंदू समाज को डर के माहौल में सांप्रदायिक सरकार का समर्थन करना पड़ा होगा जिसे उन्होंने ख़ुद की झेंप मिटाने के लिए विकास का नाम दे दिया। दंगाइयों को विकास पुरुष कहने का चलन यहीं से शुरू हुआ है। यकीन न हो तो किसी व्यापारी से गुजरात दंगे पर सवाल करके देख लीजिए। पहले तो वह बेचारा आपको

टटोलेगा कि आप किसकी तरफ़ से हैं? फिर वह आपके सवाल के बाद इधर-उधर झाँक कर देखेगा कि कहीं कोई उसे सवाल पूछने वाले के साथ देख न ले। आख़िर उसे भी तो जन-भावना का ख़्याल रखना होता है।

सोचना चाहिए कि अगर बादशाह औरंगज़ेब को दारा शिकोह या सूफ़ी सरमद को मौत के घाट ही उतारना था तो वह अपने कारावास में मौत के घाट उतार देता। किसी को पता भी नहीं चलता। पर वह चाहता था कि सबको पता चले। अपनी क्रूरता का प्रदर्शन करना चाहता था वह। इसलिए उसने दिल्ली में लोगों को दिखा कर उन्हें मौत के घाट उतारा। मौत का यह सार्वजनिक प्रदर्शन अपने विरोधियों को डराने के काम तो आया ही साथ में अपने समर्थकों को भी डराने में काम आया। तभी तो वह लगभग पचास साल हुकूमत कर पाया।

जब किसी के तर्क चूक जाते हैं तो उसके पास हत्या के अलावा कोई विकल्प नहीं बचता। सरकार और सरकारों के पास अगर दोबारा चुने जाने का कोई तर्क न बचे तो वो क्या करें? औरंगज़ेब दारा शिकोह और सरमद के साथ बैठ कर बात तो कर ही सकता था या नाथूराम गोडसे महात्मा गांधी के साथ बैठ कर बात कर सकता था। पर वे बात करते भी क्या? उनके पास बात थी ही नहीं। इसलिए तलवार चला दी/गोली चला दी। फिर अपने तलवार/गोली चलाने को महिमामंडित भी किया। सांप्रदायिक-फ़ासीवादी विचारों के पास बात करने को कुछ नहीं होता। हिटलर की नाज़ी पार्टी ने यहूदियों के ख़िलाफ़ चाहे जितने भी तर्क गढ़े हों पर वह जानता था कि किसी को मारने के लिए कोई भी तर्क पर्याप्त नहीं होगा इसलिए उसने व्यापक जनसंहार करवा दिया। जन-भावना उसके साथ थी। अभी कुछ ही दिन पहले पेशावर में इस्लामी आतंकवादियों ने एक स्कूल पर हमला करके बच्चों का क़त्ल कर दिया था। उनके पास कोई तर्क होता तो वो बच्चों को अपने तर्क समझाते। पर वो इतनी ज़हमत क्यों करते जब जन-भावना उनके साथ थी?

अख़लाक़ की मॉब लिंचिंग, जुनैद की मॉब लिंचिंग, पहलू ख़ान की मॉब लिंचिंग, ऊना के दलितों की मॉब लिंचिंग, पालघर में साधुओं की मॉब लिंचिंग, किसी महिला को चुड़ैल साबित करके मॉब लिंचिंग आदि आदि समाज, धर्म, संप्रदाय, शासन,

प्रशासन और व्यक्ति का तर्क से चूकना ही है। इस समय भारत में इन तमाम तरह की मॉब लिंचिंग और हत्याओं का एक ही (कु)तर्क है, हिंदू ख़तरे में है। सोचिए, जो इस देश में आबादी का अस्सी प्रतिशत से ज़्यादा है, जब वह ख़तरे में है तो बाकी (लगभग) बीस प्रतिशत आबादी का क्या हाल होगा। क्या सांप्रदायिक सत्ता अपने संप्रदाय के लोगों को भी सुरक्षा नहीं दे सकती? उन्हें डर से निजात नहीं दिला सकती? तो फिर ऐसी सरकार का क्या फ़ायदा?

दादरी का अख़लाक़ और इंस्पेक्टर सुबोध कुमार सिंह

सरकार के भक्त-गण का तर्क है कि हिंदुओं की भी तो लिंचिंग हो रही है? तो मेरा जवाब है कि अगर हिंदुओं की लिंचिंग हो रही है, अगर उन्हें हिंदू होने की वजह से मारा जा रहा है तो आज हिंदुओं (जबकि मैं मानता हूं कि यह हिंदुओं के नाम पर व्यापारियों की सरकार है) की सरकार क्या कर रही है? सरकार-भक्त-गण इस बात से डरे हुए नहीं हैं, बस वे चाहते हैं कि कोई मुसलमान भी न डरे अपनी लिंचिंग से। सरकार-भक्त-गण, आप तो किसानों की आत्महत्या से भी डरे हुए नहीं हैं, जबकि आने वाले समय में अन्न हमारी पहुँच से दूर या नापैद हो सकता है। आप अपनी बेरोज़गारी से भी डरे हुए नहीं हैं। कोरोना की दूसरी लहर में गंगा तट पर लाशों को देख कर भी डरे हुए नहीं हैं। हिंदू भले ही डर जाये लेकिन बहस करने वाले सरकार-भक्त-गण इन चीज़ों से कभी नहीं डरते। उनका केवल एक ही एजेंडा है कि 2050 में मुसलमान बहुसंख्यक हो जाएँगे।

हिंदुओं की लिंचिंग को सरकार मुद्दा क्यों नहीं बना रही है? कार्रवाई क्यों नहीं कर रही है? क्या इस वजह से कि उससे वो लाभ नहीं मिलेगा जो मुसलमानों की लिंचिंग से मिलेगा? या लिंचिंग करने वाले का धर्म अथवा संप्रदाय भाजपा की सरकार के सांप्रदायिक समीकरण से मेल नहीं खाता है? मतलब लिंचिंग करने वाला मुसलमान ही निकल जाता तो उनके सपनों का मुसलमान उन्हें मिल जाता। वरना पालघर में

साधुओं की लिंचिंग का मुद्दा आज किस भाजपाई की ज़बान पर है? उसका विरोध भी हमने ही किया है आज तक।

भाजपा की सरकार हो या उसके भक्त-गण, मैंने यह देखा है कि मारने वाला हिंदू अगर किसी हिंदू को ही मारता है तो (भले ही हिंदुओं को फ़र्क पड़े) भक्त-गणों को कोई फ़र्क नहीं पड़ता। उसमें न उन्हें सांप्रदायिक सुख मिलता है न ख़ून खौलने का सुख मिलता है।

मैंने देखा है कि सामान्य तौर पर हिंदू, हिंदू की हत्या करे या मुसलमान, मुसलमान की हत्या करे तो पुलिस अपना काम सहज रूप से करती है लेकिन जैसे ही मरने-मारने वाला हिंदू-मुसलमान होता है वैसे ही पूरा प्रशासन हाथ पर हाथ धरे तमाशा देखने बैठ जाता है और सांप्रदायिक भीड़ अपना इंसाफ़ ख़ुद करने लगती है। पिछले दिनों समस्तीपुर हिंसा में यह देखने को मिला।

बहरहाल, अगर भक्त-गणों को, जैसा कि वे दावा करते हैं, हिंदुओं की लिंचिंग की इतनी चिंता होती तो वे मुझसे कहते कि आप अपने मुद्दे में हिंदुओं की लिंचिंग को भी जोड़ लो। या मैं इस मुद्दे पर आपके साथ हूँ लेकिन आप हिंदुओं की लिंचिंग को भी मुद्दा बनाओ। लेकिन सरकार-भक्त-गण को हिंदुओं की लिंचिंग वाली बात तभी याद आती है जब मुस्लिम लिंचिंग की बात कोई करता है। क्यों? क्योंकि सरकार के भक्त यह चाहते ही नहीं कि किसी भी तरह की लिंचिंग पर बात हो। वो बात करने से रोकने के लिए हिंदू लिंचिंग की बात लेकर आते हैं, वरना अगर वो हिंदुओं की लिंचिंग के प्रति ईमानदार होते, द्रवित होते, तो कोई बात करे न करे वो ज़रूर करते। जाँच की माँग करते। अपराधी को सज़ा देने की बात करते। धरना करते, प्रदर्शन करते, पुलिस पर दबाव डालते। वो ज़रूर बात करते इंस्पेक्टर सुबोध कुमार सिंह की मॉब लिंचिंग पर। मगर उन्हें तो असल में सरकार का बचाव करना है और सरकार के विरोधियों का मुँह बंद करना है। क्या किसी ने देखा है कि ये सरकार के भक्त इंस्पेक्टर सुबोध कुमार सिंह की मॉब लिंचिंग पर कुछ बोलते हों? कभी नहीं।

एक तरफ़ इंस्पेक्टर सुबोध कुमार सिंह की बहन सुनीता सिंह उत्तर प्रदेश की योगी आदित्यनाथ सरकार पर भड़कते हुए कह रही थीं कि उनके भाई इंस्पेक्टर सुबोध कुमार सिंह को पुलिस ने साज़िश करके मार दिया क्योंकि वह दादरी के अख़लाक़ की

मॉब लिंचिंग की जाँच कर रहे थे। दूसरी तरफ़ पुलिस इंस्पेक्टर सुबोध कुमार सिंह के बेटे अभिषेक सिंह ने कहा कि उनके पिता चाहते थे कि वह एक अच्छा नागरिक बने जो धर्म के नाम पर हिंसा नहीं भड़काये। 'मेरे पिता ने इस हिंदू – मुस्लिम विवाद में अपना जीवन गंवा दिया। अगली बारी किसके पिता की होगी?'

सवाल उठता है कि दादरी के अख़लाक़ की मॉब लिंचिंग की जाँच करने वाले पुलिस अधिकारी की मॉब लिंचिंग क्यों हो गयी? इस सांप्रदायिक सरकार के राज में अगर मुसलमान सुरक्षित नहीं है तो बात समझ में आती है। यह उनकी 'यूनीक सेलिंग पॉइंट' है। लेकिन पुलिस का अधिकारी भी सुरक्षित नहीं है, सिर्फ़ इसलिए कि वह दादरी के अख़लाक़ की मॉब लिंचिंग की जाँच कर रहा था? या वह एक मुस्लिम व्यक्ति की मॉब लिंचिंग की जाँच कर रहा था, इसलिए? या उसकी जाँच में जिन दोषियों का नाम आ रहा था वो सब सरकार से और भाजपा से जुड़े लोग थे, इसलिए? या फिर तीनों ही कारणों से इंस्पेक्टर सुबोध की मॉब लिंचिंग हो गयी। आप बकते रहो पागल की तरह कि इस कारण से और उस कारण से उनकी लिंचिंग हुई। किसी पर कोई फ़र्क नहीं पड़ने वाला। लाश पर पैर रख कर सत्ता तक पहुँचने वाले सत्ता तक पहुँच चुके हैं।

इंस्पेक्टर सुबोध के बेटे ने जो कहा उस पर सोचिए : 'मेरे पिता ने हिंदू–मुस्लिम विवाद में अपना जीवन गंवा दिया। अगली बारी किसके पिता की होगी?'

अर्थात जो हिंदू–मुस्लिम विवाद में न्याय की तरफ़ कदम बढ़ाएगा, मारा जाएगा। उसका धर्म कोई भी हो और इंस्पेक्टर सुबोध सिंह की मॉब लिंचिंग से यह भी संदेश दिया गया कि आगे जो भी जाँच अधिकारी आएगा उसके साथ भी ऐसा हो सकता है। भविष्य में किसी भी अधिकारी का बच्चा अनाथ हो सकता है।

कई अवसरों पर देखा गया है कि भाजपा के नेता मॉब लिंचर्स को सम्मानित भी करते हैं। इससे भी स्पष्ट संदेश दिया गया है कि प्रशासनिक अधिकारियों को इन मॉब लिंचर्स को बचाना है क्योंकि सत्ताधारी पार्टी का आशीर्वाद प्राप्त है इन मॉब लिंचर्स को।

अगर दादरी के अख़लाक़ की मॉब लिंचिंग पर नज़र डालें तो साफ़ समझ में आता है कि इसके पीछे पूरी तैयारी थी। पहले एक मंदिर के लाउडस्पीकर से यह

घोषणा की गयी कि अख़लाक़ के घर में बीफ़ है। फिर भीड़ को इकठ्ठा किया गया। फिर भीड़ ने अख़लाक़ के घर पर हमला किया। उन्हें घर से खींच कर बाहर निकाला। फिर इतना पीटा कि उन्होंने दम तोड़ दिया। वैसे तो आज तक यह साबित नहीं हुआ कि अख़लाक़ के घर में बीफ़ था या नहीं। लेकिन अगर था भी, तो किसने किसको अधिकार दे दिया है क़ानून हाथ में लेकर हत्या करने का? ज़ाहिर सी बात है उन्होंने उनको यह अधिकार दिया है जिन्हें न तो अदालत की परवाह है न संविधान की। उन्हें केवल सांप्रदायिक ध्रुवीकरण की परवाह है। उसी के रास्ते ये फ़ासिस्ट सत्ता तक पहुँच सकते हैं। ये फ़ासिस्ट और सांप्रदायिक तत्व कभी किसानों, मज़दूरों, महिलाओं, बेरोज़गारों आदि के हित की चिंता करके सत्ता तक नहीं पहुँच सकते।

अब एक बार फिर से बुलंदशहर में इंस्पेक्टर सुबोध की मॉब लिंचिंग को देखिए। बुलंदशहर में एक इज्तेमा चल रहा था। भीड़ को इज्तेमा में बीफ़ (गौ-हत्या) का शक था तो उसने पुलिस स्टेशन पर हमला क्यों किया? उन्हें तो पुलिस स्टेशन में जाकर शिकायत करनी चाहिए थी। इसके अलावा आख़िर पुलिस बल अपने ही इंस्पेक्टर को बचाने में नाकामयाब क्यों रहा? क्या इंस्पेक्टर सुबोध की बहन के आरोप पर एक बार रुक कर सोचना नहीं चाहिए?

महेश कोली की ऑनर किलिंग

एक वीडियो देखा जिसमें मुसलमानों की लिंचिंग के विरोध को काउंटर करते हुए बताया गया कि कर्नाटक में एक चौदह साल के महेश कोली को एक मुस्लिम परिवार ने जान से मार दिया सिर्फ़ इसलिए कि उस परिवार की एक लड़की से उसकी दोस्ती थी। वीडियो के एंकर का आरोप था कि मुसलमानों की मॉब लिंचिंग का विरोध करने वाले महेश कोली की मॉब लिंचिंग का विरोध क्यों नहीं करते।

मेरा अनुमान है कि वह लड़का उस मुस्लिम लड़की से प्रेम करता होगा। दिल को दहलाने वाली इस वारदात की जितनी भी भर्त्सना की जाए कम है। हत्यारे पुलिस की गिरफ़्त में हैं।

लेकिन . . . लेकिन क्या इस मामले में हत्यारों के बचाव में किसी सत्तारूढ़ या विपक्षी पार्टी के लोग हत्यारों का सम्मान करने कारावास में पहुँचे? क्या उनको बरी (ज़मानत दिलवा कर) करके उनको सत्तारूढ़ दल में संतरी बना दिया गया? या किसी भी तरह से पुरस्कृत किया गया? नहीं। इसलिए हिंदुओं में डर नहीं है क्योंकि उन्हें मालूम है कि अपराधियों को क़ानून अपने अंजाम तक पहुँचा कर रहेगा। जबकि मुसलमानों की मॉब लिंचिंग में ऐसा कम ही होता है कि अपराधियों को कोई सम्मानित न करे। मुसलमानों की मॉब लिंचिंग में ऐसा कम ही होता है कि अपराधियों को क़ानून उसके अंजाम तक पहुँचा कर रहे। मुसलमान इसलिए डरता है।

अब एक बार फिर से महेश कोली की बात। हाँ, यह सच है कि इसके पहले महेश कोली हत्याकांड पर मैंने कोई प्रतिक्रिया नहीं दी थी। मुझे देनी चाहिए थी। मुझे अफ़सोस है। मैं एक बार फिर से उस नृशंस हत्या की भर्त्सना करता हूँ।

घटना की रिपोर्ट पढ़ने के बाद मैं उस घटना को मॉब-लिंचिंग नहीं बल्कि ऑनर-किलिंग मानता हूं। प्रेम संबंधों में ऑनर किलिंग की यह घटना पहली नहीं है। उत्तर भारत में तो बिल्कुल भी नयी नहीं है। लेकिन किसी ने देखा है कि सरकार के इन भक्तों का कभी ऑनर किलिंग की घटना पर ख़ून खौला हो? कभी नहीं। उत्तर भारत के ढेरों ऑनर किलिंग को लाँघ कर दक्षिण भारत की ऑनर किलिंग का ज़िक्र केवल और केवल इसलिए किया जा रहा है क्योंकि हत्यारा मुसलमान है। इससे सांप्रदायिक ध्रुवीकरण भी होता है और इसमें नफ़रत से भरी सांप्रदायिकता का सुख भी मिलता है।

पालघर में साधुओं की मॉब लिंचिंग पर गोदी मीडिया चिल्ला-चिल्ला कर अनटोनिया-मानियो अनटोनिया-मानियो क्यों चिल्ला रहा था? अनटोनिया मानियो कांग्रेस अध्यक्ष सोनिया गांधी का नाम है। क्या वह लिंचिंग सोनिया गांधी ने की? आप कह सकते हैं कि चूँकि कांग्रेस उद्धव ठाकरे सरकार का समर्थन कर रही है इसलिए उनके कार्यकाल में होने वाले हर हादसे के लिए वह भी उतनी ही ज़िम्मेदार है जितनी उद्धव ठाकरे की सरकार। तो मेरे भाई उद्धव ठाकरे की सरकार को तो शरद पवार की राष्ट्रवादी कांग्रेस पार्टी भी समर्थन दे रही है। तो शरद पवार का नाम क्यों नहीं लिया चिल्ला-चिल्ला कर, उछल-उछल कर? उद्धव ठाकरे का नाम क्यों नहीं लिया उछल-उछल कर, गला फाड़-फाड़ कर? असल में गोदी मीडिया को पालघर साधुओं

की लिंचिंग में हत्यारे के रूप में 'उनके सपनों का मुसलमान' नहीं मिल पाया तो रिसर्च करके किसी दूसरे अल्पसंख्यक समुदाय से जुड़ा कोई नाम खोजा गया और चूँकि अनटोनिया मानियो ईसाइयों जैसा नाम है, इसलिए उसे टार्गेट करना सांप्रदायिक और फ़ासिस्ट मीडिया के लिए आसान हो गया। तो जिसे इंसान का गोश्त खाने की आदत है वह साग सब्ज़ी कैसे खा सकता है? ऊपर से सोनिया गांधी एक महिला भी हैं जिसकी छीछालेदर में जो स्वाद आता है वह अन्यत्र दुर्लभ है। तो उस दिन मीडिया में मुसलमानों की लिंचिंग करने वाले ने थोड़ी देर के लिए ईसाइयों की लिंचिंग करके अपना राष्ट्रीय कर्त्तव्य पूरा किया ताकि अपने मालिक को मुँह दिखाने के लायक बन सके।

दादरी का अख़लाक़ (कविता)

राजेश जोशी (बीबीसी के पूर्व पत्रकार)

हर हत्या के बाद
ख़ामोश हो जाते हैं हत्यारे और उनके मित्रगण
उनके दांतों के बीच फंसे रहते हैं
ताज़ा मांस के गुलाबी रेशे,
रक्त की कुछ बूंदें भी चिपकी होती हैं
होंठों के आसपास,
पर आंखें भावशून्य हो जाती हैं
जैसे चकित सी होती हों
धरती पर निश्चल पड़ी
कुचली-नुची मृत मानव देह देख कर

हत्या के बाद हत्यारे भूल जाते हैं हिंस्र होना

अपनों के बीच अजनबी

कुछ समय के लिए
वो चुपचाप सह लेते हैं आलोचनाएँ,
हत्या के विरोध में लिखी गई कविताएँ
सुन लेते हैं बिना कुछ कहे
यहाँ तक कि वो होंठ पोंछकर
दांतों में फंसे मांस के रेशे को खोदकर, थूककर
तैयार हो जाते हैं हिंसा की व्यर्थता पर
आयोजित सेमीनारों में हिस्सेदारी को भी।

हर हत्या के बाद उदारवादी हो जाते हैं हत्यारे
कुछ समय के लिए
जब तलक अख़बार उबल कर शांत न हो जाएँ
जब तलक पश्चिम परस्त, पढ़े लिखे नागरिक
जी भरकर कोस न लें हत्यारों को
हमारे प्राचीन समावेशी समाज की इस स्थिति पर
जब तलक अफ़सोस जताना बंद न कर दें सर्वोदयी कार्यकर्ता
और जब तलक राइट-विंग के उत्थान पर
छक कर न बोल लें कम्युनिस्ट टाइप प्रोफ़ेसर,एनजीओ चलाने वाली सुघड़ महिलाएँ
जब तलक ह्यूमन राइट्स वॉच और एमनेस्टी इंटरनेशनल
अपनी फ़ैक्ट फ़ाइंडिंग पूरी न कर लें।
जब तलक हत्या के विरोध में सैकड़ों कवि
लिख न डालें अपनी अपनी छंद-मुक्त कविताएँ
तब तलक दयनीय बने रहते हैं हत्यारे।

“देखो – सब उन्हें ही घेर रहे हैं.
बुद्धिजीवी, मास्टर, पत्रकार, कवि और मानवाधिकार वाले

फ़रीद ख़ाँ

सभी हत्यारों को ही दोषी क्यों ठहरा रहे हैं?
यह कहां का न्याय है?
आख़िर जो मारा गया – उसका भी तो दोष रहा ही होगा?'

कोई भरी मासूमियत से सवाल करता है कहीं साइबर स्पेस में
दूसरी आवाज़ एक माननीय सांसद की होती है:
आख़िर शांति – व्यवस्था बनाए रखने की ज़िम्मेदारी
हत्यारों के लिए ही क्यों होनी चाहिए?

फिर एक टेलीविज़न का एंकर
एत्तेहादुल मुसलमीन के नेता से पूछता है सवाल:
अब मुसलमानों को भी सोचना ही पड़ेगा
कि बार बार वो ही निशाना क्यों बनते हैं?
क्या आप नहीं मानते कि सिमी राष्ट्र – विरोधी है?

फिर आते हैं बाहर निकलकर हत्यारों के सिद्धांतकार
ले आते हैं आंकड़े निकाल कर पिछले बरसों के
कितने ख़ुदकुश हमलावर मुसलमान थे और कितने थे दूसरे।
चेचन्या से लेकर यमन और सोमालिया और नाइजीरिया तक
गज़ा पट्टी से लेकर सीरिया, इराक़ और ईरान तक
कश्मीर से लेकर हेलमंद तक -
कहीं पर भी तो चैन नहीं है इन लोगों को।
और फिर एक सहनशील समाज
कब तक बना रह सकता है सहनशील?
एक जागरूक समाज में खुलकर चलती है
हत्या के कारण और निवारण पर स्वस्थ बहस
बहुत से तर्क तैयार हैं कि

अपनों के बीच अजनबी

हत्या हमेशा नाजायज़ नहीं होती
बहुत से लोग सोचने लगते हैं -
अरे, ये तो हमने सोचा ही नहीं।

वकील अदालत में पेश करते हैं मेडिकल रिपोर्ट
मीलार्ड, हत्यारा धीरे धीरे अंधा हो रहा है,
उसके पेट में गंभीर कैंसर पैदा हो गया है,
उसकी मां मर गई है – अंतिम संस्कार करने वाला कोई नहीं है
मीलॉर्ड, हत्यारे को ज़मानत दी ही जानी चाहिए।
मुस्लिम्स हैव मूव्ड ऑन, मीलॉर्ड।
हत्यारा भी तो आख़िर इंसान है।
वैसे भी हत्या को अब बहुत वक़्त हो चुका है।
अब कब तक गड़े मुरदे उखाड़े जाएँ?
कब तक चलता रहेगा ब्लेम गेम?
समाज में समरसता कैसे आएगी
अगर सब मिलजुलकर नहीं चलेंगे, मीलॉर्ड?

समझदार न्यायमूर्ति सहमति में हिलाते हैं सिर
वो कम्युनिस्टों के प्रोपेगण्डा से, हह, भला प्रभावित होंगे?
न्याय सबके लिए समान है
और सबको मिलना ही चाहिए – चाहे वह हत्यारा ही क्यों न हो।

फ़ैसला आ गया है, हत्यारो!!!
सब नियम ख़त्म हुए,
सब किताबें हुईं बंद,
सभी आलोचनाएं भी ख़त्म हुईं,
ख़त्म हुई टीवी की बहसें,

फ़रीद ख़ाँ

ख़त्म सब आलेख और बयान
ख़त्म हुआ कविता लेखन भी।

जब सब ख़त्म हो रहा होता है,
तब फिर से तुम्हारी तरफ़ देखता है ये उदार समाज
हमारी प्राचीनता और हमारी शुद्धता के रक्षकों,
ओ हत्यारो!

गौ भक्ति के नाम पर लोगों की हत्या स्वीकार नहीं है – प्रधानमंत्री

कई बूढ़े-बुज़ुर्गों से सुना है कि कौन बोल रहा है यह मत देखो, क्या बोल रहा है यह देखो। मैं अपने बुज़ुर्गों से विनम्रतापूर्वक कहना चाहता हूँ कि यह सही है कि क्या बोल रहा है यह देखो लेकिन कौन बोल रहा है यह भी देखो तभी उसके बोलने का कोई अर्थ है। व्यक्ति स्वयं अपनी बात का संदर्भ होता है और बिना संदर्भ के शब्दों का कोई अर्थ नहीं है।

29 जून 2017 को प्रधानमंत्री नरेंद्र मोदी ने अहमदाबाद के साबरमती आश्रम के शताब्दी समारोह में गाय के नाम पर बढ़ती हत्याओं के आलोक में कहा कि महात्मा गांधी इसे कभी स्वीकार नहीं करते। उन्होंने यह भी कहा कि हमें गाय की रक्षा के लिए महात्मा गांधी और विनोबा भावे के रास्ते पर चलना चाहिए।

अहिंसा पर भी अच्छी-अच्छी बातें कहीं उन्होंने और एक बार भावुक भी हुए। अभी हाल में ही बंगाल चुनाव से फ़ुर्सत पाने के बाद, कोरोना से मरने वालों के लिए भी प्रधानमंत्री एक बार भावुक हुए थे। प्रधानमंत्री एक बार रोहित वेमुला का ज़िक्र करके भी भावुक हो गए थे।

साबरमती आश्रम के समारोह के लगभग एक साल पहले ही 11 जुलाई 2016 को ऊना में कुछ दलितों को गौरक्षकों ने बुरी तरह पीटा था। इस पर प्रधानमंत्री ने

गुस्से में उन गौरक्षकों को असामाजिक तत्व भी कहा था। इसके बावजूद 2018 में बुलंदशहर में इंस्पेक्टर सुबोध कुमार सिंह की मॉब लिंचिंग हुई, 'असामाजिक-तत्वों' के द्वारा, गौकशी के नाम पर ही। जबकि प्रधानमंत्री ने साबरमती आश्रम में कहा था कि क़ानून हाथ में लेने का किसी को हक़ नहीं है।

लोग सुनते ही नहीं हैं प्रधानमंत्री की बात। अभी भी मॉब लिंचिंग की ख़बरें सुनने को मिल ही जाती हैं। हमारा एक प्रिय मित्र अक्सर कहा करता है कि एक प्रधानमंत्री अकेला क्या-क्या करेगा? लोगों को ही सुधरना होगा।

सच है, बेचारे प्रधानमंत्री क्या कर सकते हैं, लोगों को ही सुधरना होगा।

कपड़े से पहचानो!

प्रधानमंत्री नरेंद्र मोदी और सरकार के भक्तों के बीच भाषा का ऐसा ज़बरदस्त तालमेल है कि जो संदेश शब्दों में नहीं भी कहा जाए, वह शब्दों के बलाघात, विराम, अर्ध विराम और स्वर के घुमावदार इस्तेमाल से भक्तों तक पहुँच ही जाता है। क़ानून से तकनीकी तौर पर बचने और लोगों को भड़काने में यह हुनर बहुत काम आता है। निरंतर इसके अभ्यास से आपके और भक्तों के बीच ऐसी समझदारी विकसित हो जाती है कि आप अगर इमली के अर्थ में आम बोलेंगे तो भक्त उसे इमली ही समझेंगे। उन्हें पता होता है कि आराध्य को क़ानून से बचाना है तो उसकी भरपूर मदद भी करनी होगी। वाक्यों के निहितार्थ का बहुत छोटा सा उदाहरण दे रहा हूँ कि जब कहा जाता है कि 'मथुरा काशी बाकी है', तो इस वाक्य में स्पष्टतः कुछ नहीं कहा गया है लेकिन संदेश स्पष्ट है कि अभी और भी मस्जिदें तोड़ी जानी हैं। उसी तरह जब कहा जाता है कि 'उन्हें कपड़ों से पहचाना जा सकता है' तो स्पष्टतः कपड़ों से अलग दिखने वाले समुदाय उनके निशाने पर होते हैं और साथ ही उन 'अ-सामाजिक' तत्वों को आशीर्वाद दिया जा रहा होता है (वस्तुतः इशारा किया जा रहा होता है) जो किसी के भी घर में घुस कर लोगों की जान ले सकते हैं। वैसे तो बात गंभीर चल रही है लेकिन इसी में हास्य विनोद की गुंजाइश निकाल कर इतना कहना चाहता हूँ कि

शायद इसीलिए मोदी जी दिन भर में चार-पाँच बार कपड़े बदलते हैं ताकि उन्हें कपड़ों से पहचाना न जा सके?

हमारे फ़ेसबुक मित्र कृष्ण कांत ने 24 अप्रैल 2021 को अपने वाल पर लिखा था :

'कभी देश के मुखिया ने कहा था कि 'उन्हें कपड़ों से पहचाना जा सकता है'। आज हम लोगों को उनके लहू के रंग से पहचान रहे हैं जो एक-दूसरे की रगों में उतरकर हम सबकी जान बचा रहा है। मैं कहना चाहता हूँ कि हमें हमारे कपड़ों से मत पहचानो। हमें हमारे लहू के लाल रंग से पहचानो।'

जिस तबलीग़ी जमात को कोरोना के लिए दोषी बताया जा रहा था उसी जमात के लोगों ने प्लाज़्मा दान किया ताकि कोरोना से लोगों की जान बचायी जा सके। ठीक उसी तरह जिस झारखंड में प्रधानमंत्री ने कपड़ों से पहचानने का इशारा किया था उसी झारखंड के पलामू में कुछ मुस्लिम नौजवानों ने अपने दोस्त की माँ के अंतिम संस्कार में मदद की सिर्फ़ इसलिए कि मृतक के रिश्तेदार कोरोना के डर से आगे नहीं आये। रमज़ान के रोज़े के दौरान उन मुस्लिम दोस्तों ने शव को कंधा दिया। एक गरिमापूर्ण अंतिम यात्रा हर किसी का नागरिक अधिकार है। उन्होंने अपने दोस्त की माँ को वह गरिमा प्रदान की, उन्हें नागरिक अधिकार प्रदान किया।

इन सबके विपरीत कुछ भाजपा नेताओं ने बड़ौदा के एक श्मशान में अंतिम क्रिया के दौरान मुसलमानों की उपस्थिति पर आपत्ति दर्ज कर दी। मुझे याद नहीं है कि मैं अपने दोस्तों के न जाने कितने सगे-संबंधियों के अंतिम संस्कार में उपस्थित हुआ हूँ। न जाने कितनी बार अब तक दाह संस्कार में लकड़ी प्रदान की है। किसी को वहाँ कभी यह नहीं दिखा कि लकड़ी प्रदान करने वाला और अंतिम प्रणाम करने वाला हिंदू है या मुसलमान। मैंने तो यह अनुभव किया है कि श्मशान हो या क़ब्रिस्तान, वहाँ पहुँच कर व्यक्ति उस परम सत्य को ज़रूर महसूस करता है जिसका नाम मृत्यु है। ऐसे वक़्त पर भी भाजपा के नेता नफ़रत का मौका नहीं चूकते।

महामारी और पूर्वग्रह

पूर्वाग्रह का इलाज आधुनिक से आधुनिक चिकित्सा पद्धति के पास भी नहीं है। जैसे शक का इलाज हकीम लुकमान के पास भी नहीं था, वैसे ही। मनोवैज्ञानिक इस बीमारी को पहचान तो लेते हैं, अच्छी सलाह भी दे देते हैं लेकिन इसके इलाज के लिए मरीज़ को अपनी कोशिश ज़्यादा करनी पड़ती है। तात्कालिक तौर पर कभी-कभी लगता है कि पूर्वाग्रह का इलाज हो गया, पर नहीं, वह कुछ दिनों के लिए दब जाता है और अकसर संकट और महामारी के समय उभर आता है। जितना बड़ा संकट उतना बड़ा पूर्वाग्रह, जैसे कि महामारी में उभरे पूर्वाग्रह।

महामारी के लिए दोषी खोजने के क्रम में व्यक्ति अपने आसपास के लोगों पर शक करने लगता है। वह शक करके जल्दी से जल्दी महामारी के दोषी को सज़ा देना चाहता है।

सन् 1348 में यूरोप में फैले 'प्लेग' को कैथलिक चर्च ने यहूदियों की साज़िश बताया था। चर्च का आरोप था कि यहूदी ईसाई धर्म का ध्वंस चाहते हैं।

भारत में ऐसे ही पूर्वाग्रहों को कोरोना के प्रसार के दौरान उभरते देखा जा सकता है। पिछले साल दिल्ली में तबलीग़ी जमात के लोगों को जिस तरह से टार्गेट किया गया वह और कुछ नहीं बल्कि सरकार और समाज द्वारा अपनी नाकामी छिपाने की कोशिश थी जिसके लिए उसने अपने पूर्वाग्रहों का इस्तेमाल किया और आने वाली दूसरी लहर को नज़रअंदाज़ कर दिया।

5 अप्रैल 2020 को *दि हिन्दू* में इसी विषय पर अपने एक लेख में अमितांग्शु आचार्य लिखते हैं : 'विज्ञान लोगों के अतार्किक-अवैज्ञानिक विश्वासों को ख़त्म करता है और बताता है कि रोगाणु किसी ख़ास नस्ल और स्थान को नहीं खोजता, उसे सिर्फ़ मानव-शरीर चाहिए, गर्म, भीगी-नम और पुष्ट मानव-देह! दुर्भाग्य से वैज्ञानिक समझ के होते हुए भी हम पर सामाजिक पूर्वाग्रह भारी पड़ता है।'

फ़रीद ख़ाँ

कोरोना-काल

कोरोना काल में जिस तरह तबलीग़ी जमात को निशाना बनाया गया, उससे तो यही लगता है कि सत्ता पक्ष घात लगा कर बैठा था कि कब मौका मिले और मुसलमानों को पकड़ कर कुचल दें। वही तबलीग़ी जमात के लोग जब प्लाज़्मा डोनेट कर रहे थे तब कहीं कोई हो हल्ला नहीं था। यह बात कोरोना की पहली लहर की है। पर दूसरी लहर ने सांप्रदायिक तत्वों को इतना समय ही नहीं दिया कि फ़क़त एक मुसलमान खोज पाते जिसके सिर पर कोरोना का दोष मढ़ते।

कोरोना की पहली लहर में बदनाम तबलीग़ी जमात के लोगों ने बिना किसी हो-हल्ला के आंध्र प्रदेश में एक कोविड जॉइंट एक्शन कमिटी बनायी जिसका काम शुरू में कोरोना से हुई मौत के बाद मुसलमानों की लाशों को दफ़नाना था लेकिन बाद में वे हिंदुओं और ईसाइयों के शवों के भी उनके धार्मिक विधि से अंतिम संस्कार करने लगे।

वैसे तो इस संगठन में हर तबक़े के लोग हैं लेकिन सबसे महत्त्वपूर्ण है इसमें मैकेनिक, ऑटो ड्राइवर, दर्ज़ी, ठेला खींचने वालों, होटल में काग करने वालों और दिहाड़ी मज़दूरों का होना। जो लोग रोज़ कुआँ खोदते हैं और पानी पीते हैं वे लोग दूसरों की मदद के लिए अपना दिहाड़ी रोज़गार छोड़ कर इस मिशन में शामिल हो गये और इनके साथ कुछ ऐसे भी नौजवान हैं जो मुस्लिम नहीं हैं। वे नौजवान लड़के तबलीग़ी जमात के लोगों को कपड़ों से नहीं पहचानते हैं बल्कि उनकी नेकनीयती से पहचानते हैं। गोदी मीडिया का पूरा हक़ है कि वह इस काम को मदद-जेहाद का नाम दे और ज़हर उगले।

पहली लहर में तरह-तरह के वीडियो जारी किये गये जिससे मुसलमानों के ख़िलाफ़ नफ़रत फैलती हो। (दूसरी लहर में भी थोड़ी बहुत कोशिश की गयी लेकिन नाकाम रही) आप थक गये उन वीडियो को फ़ेक साबित कर-कर के। लेकिन वो नहीं थके जो नित नये वीडियो किसी नियोजित-प्रायोजित केंद्र से जारी कर रहे थे। कोरोना की दूसरी लहर में भी सांप्रदायिक तत्वों की कसमसाहट देखी गयी कि कैसे कोई मुस्लिम पहलू मिले और सरकार को ज़िम्मेदारियों अथवा नाकामियों से मुक्त करवाया जा सके।

अपनों के बीच अजनबी

सांप्रदायिक सत्ता को उत्तर प्रदेश में श्मशान के आगे दीवार लगानी पड़ी ताकि कहीं किसी को पता न चल जाये कि लोग मर रहे हैं। लोग जल रहे हैं। सूरत में श्मशान की चिमनी पिघल गयी। लेकिन चुनाव चलते रहे और हरिद्वार में कुंभ-स्नान जारी रहा। आप प्रार्थना ही कर सकते थे कि महामारी को देखते हुए ऐसा कुछ न हो जो त्रासदियों में बदल जाये। इस बीच फिर से चुनाव की सरगर्मियाँ बढ़ने लगी हैं (उत्तर प्रदेश में) और कोरोना की तीसरी लहर की ख़बरें भी रह-रह कर उठ रही हैं।

पर मुसलमानों की आवाज़ खो चुकी है। उनके पास भी ट्रम्प का स्वागत, चुनाव पर चुनाव, कुंभ स्नान आदि आदि ऐसे बहुत सारे वाक़ियात थे, जिनके विरोध में वे बोल सकते थे। एक नागरिक होने के नाते उनका कर्त्तव्य था लेकिन वे चुप रहे। यह चुप्पी बहुत बड़ा हंगामा भी खड़ा कर सकती है या लंबे समय के लिए अवसाद में लेकर भी जा सकती है, पूरे देश को। यह आने वाला वक़्त बताएगा। मज़े की बात है कि सरकार-भक्त-मित्र सरकारी नाकामी की बहुत मज़बूत ढाल हैं। जिसे किसी भी तथ्य से भेदा नहीं जा सकता। पाकिस्तान की तबाही को इस संदर्भ में समझना बहुत आसान हो जाता है।

मुंबई के मालवाणी में कोरोना और लॉकडाउन (पहली बार) को देखते हुए मेरे घर के सामने एक बड़े से पार्क में बीएमसी ने मोहल्ले के तमाम सब्ज़ी वालों को एक निश्चित दूरी पर दुकान लगाने को कहा। दुकानदारों और ख़रीदारों में अनेक लोगों ने टोपी भी लगा रखी थी। पास की ही किसी अन्य बिल्डिंग से किसी ने उसका वीडियो शूट किया और यूट्यूब पर डाल दिया। जिसका मकसद था कि देखो, मुसलमान भीड़ लगा रहे हैं, कोरोना फैला रहे हैं। दूर से रिकॉर्ड किये जाने के कारण सब्ज़ी मंडी में शारीरिक-दूरी का पता नहीं चल रहा था। हमारे एक मित्र ने उस वीडियो को फ़ेसबुक पर शेयर किया तब जाकर मेरी नज़र पड़ी और मैंने आपत्ति दर्ज करते हुए सचाई बतायी कि यह नगरपालिका द्वारा बनाया गया सब्ज़ी मार्केट है। इसमें शारीरिक दूरी का पूरा पालन किया जा रहा है। लोगों ने मास्क भी लगा रखा है। फ़ेसबुक मित्र तो मान गये लेकिन झूठ के पाँव नहीं होते हैं, यूट्यूब पर मुसलमानों की लानत-मलामत जारी थी। यूट्यूब पर भी मैंने अपनी आपत्ति दर्ज की। असलियत बतायी थी लेकिन सांप्रदायिक सुख कोई क्यों छोड़े। मेरी बात पर किसी ने प्रतिक्रिया तक व्यक्त नहीं

की। मतलब आप कोई भी तथ्य पटकते रहो लेकिन एक पूर्वनियोजित-अनसुनापन (जो अदृश्य है) किसी संक्रमण की तरह फैल रहा है जो आपके विचार, तर्क-शक्ति और अनुभव-क्षमता को प्रभावित कर रहा है। वैसे ही जैसे कोरोना होने पर मुँह का स्वाद चला जाता है।

ऐसे में अब मुसलमान देश के 'सिस्टम' में सुरक्षित महसूस नहीं करता वह सुरक्षित महसूस करता है कृष्णकांत और विक्रम सिंह चौहान जैसे लोगों के विचारों से।

विक्रम सिंह चौहान ने 23 अप्रैल 2021 को अपने फ़ेसबुक पोस्ट पर लिखा था :

> नागपुर के प्यारे खान, मुंबई के शहनवाज़ शेख़ जैसे हज़ारों उर्दू नाम वाले ने हज़ारों हिंदुओं की उखड़ती साँसों को थाम कर रखा है। उन्हें नया जीवन दे रहे हैं। कोई एक मैसेज पर ऑक्सीजन सिलेंडर बाइक में लेकर मरीज़ के घर जा रहा है। अकील मंसूरी रोज़ा तोड़कर प्लाज़्मा डोनेट कर अलका और निर्मला की जान बचा रहे हैं। कोई घर से अभी निकला है 1000 किमी दूर प्लाज़्मा डोनेट करने के लिए। कोई रात रात भर जाग हॉस्पिटल में बेड इंतजाम कर रहा है।

वह भी तब, जब इस देश का सांप्रदायिक तत्व बात-बात पर मुसलमानों को पाकिस्तान जाने की सलाह देता है। उनसे देशभक्ति का सुबूत माँगता है। उनसे अब नागरिकता का सुबूत भी माँगा जाने लगा है। उन्हें यह भी पता है कि जान न्यौछावर करने के बाद भी उनसे सुबूत माँगा जाएगा। वंदे मातरम् बोलने के बाद भी देशभक्ति का सुबूत देना पड़ेगा। बीफ़ नहीं खाने के बाद भी बीफ़ के नाम पर उनकी लिंचिंग होगी।

गुजरात के गोधरा और जहांगीरपुरा, वड़ोदरा में मस्जिद को मुसलमानों ने कोविड सेंटर बना दिया है। उस गुजरात में जहाँ मुसलमानों का नरसंहार भारत के इतिहास में एक विकास-मॉडल के रूप में याद किया जाएगा।

बहरहाल, सरकार-भक्त-मित्रों से निवेदन है कि कपड़ों पर न जाएँ, नीयत देखें वरना जिस ज़हर ने आपके भीतर का पर्यावरण दूषित कर रखा है वह एक दिन आपके बच्चों को भी दूषित कर देगा।

कैसे मानें कि भाजपा की सरकार मुसलमानों का भला करेगी कभी?

कोई क्यों उस सरकार पर भरोसा करे जो उसे सुरक्षा नहीं दे सकती। यह बात मैं केवल मुसलमानों के लिए नहीं लिख रहा हूँ। अब तो भाजपा किसी हिंदू को भी सुरक्षा नहीं देती है। हिंदू की बात भी बहुत दूर है भाजपा तो अपने कार्यकर्ताओं और नेताओं को भी सुरक्षा नहीं दे सकती है। कोरोना की दूसरी लहर में उसके कार्यकर्ता नाक रगड़ते रह गए अस्पताल में बेड और ऑक्सीजन के लिए, उनका हश्र सामने है। फिर भी उसका समर्थन कम नहीं होता है।

भाजपा सरकार की सबसे बड़ी कामयाबी यह है कि आप अगर मज़दूरों, किसानों, महिलाओं, दलितों, बेरोज़गार नौजवानों और अल्पसंख्यकों की बात करें तो आप हिंदूविरोधी करार दिये जाएँगे और अगर आप भाजपा सरकार का विरोध कर दें तब तो देशद्रोही ही करार दिये जाएँगे। आपको पाकिस्तान जाने या भेजने की बात होने लगती है। अरे भाई, जब पाकिस्तान बना था तब हमारे पुरखों ने भारत को इसलिए थोड़े ही न चुना था कि आप हमें ज़बरदस्ती पाकिस्तान भेजने लगें? वैसे अगर भेजना ही है तो पाकिस्तान क्यों अमेरिका भेजो, कनाडा भेजो, इंग्लैंड भेजो, फ्रांस भेजो, स्विट्ज़रलैंड भेजो। मतलब हद है, पाकिस्तान से आगे तो ये सांप्रदायिक तत्व सोच भी नहीं पाते हैं। अच्छे जीवन के बारे में सोचने की मनाही है उनके संस्कार में। अरे भाई, तुम्हारे जैसे लोग तो पाकिस्तान में भी हैं, वो तो हमें भारत भेजने लगेंगे तो क्या हम पेंडुलम की तरह इधर से उधर होते रहें? मुसलमानों के पुरखों ने आज़ादी/बँटवारे के समय इसलिए चुना था भारत को?

तो इस तरह हम मज़दूरों की बात नहीं कर सकते। किसानों की बढ़ती आत्महत्या की बात नहीं कर सकते। बलात्कार पर बात नहीं कर सकते। बलात्कार पर हमसे तब ही सवाल किये जाते हैं जब कोई मदरसे वाला बलात्कारी निकलता है। ललकार ललकार कर सवाल किए जाते हैं – कहां हो लिबरांडुओं (लिबरल)? कहां हो 'सिकुलरों' (सेकुलरों)? आदि आदि आदि। सरकार के भक्तो, मित्रो, जब भी किसी मदरसे वाले पर बलात्कार का आरोप लगता है उसे लोग, मुस्लिम लोग, पकड़ कर पुलिस को

सौंप देते हैं। पुलिस उनको जेल भेज देती है। इसके बाद बताओ और क्या करें? क्या क़ानून हाथ में लेकर उसे कुचल दें? नहीं न? लेकिन भाजपा समर्थक तो बलात्कार के आरोपियों के पक्ष में जुलूस निकालने लगते हैं। साथ में तिरंगा भी लहराते हैं मानो बलात्कार उनका संवैधानिक कर्त्तव्य हो। उन्नाव और कठुआ इसके जीवंत उदाहरण हैं। यह फ़र्क़ है हम देश के नागरिकों और भाजपा के समर्थकों में।

जब हिंदुओं के साथ इंसाफ़ नहीं कर सकती है भाजपा की सरकार, तो मुसलमान तो उसके निशाने पर ही रहते हैं हरदम। उन्हें मार कर तो उसे वोट का ही फ़ायदा होता है। तो इस स्थिति में किसी को क्यों मानना चाहिए कि भाजपा सरकार मुसलमानों का कभी भला भी करेगी।

वार रूम उर्फ़ स्पेशल – 16

भाजपा सांसद तेजस्वी सूर्या में तेज भी है, सूर्य जितना ताप भी। चूँकि उनका राज है वह संविधान, क़ानून, नैतिकता को ताक पर रख कर किसी को भी अपने ताप से झुलसा सकते हैं।

बेंगलुरु की महानगरपालिका द्वारा बनाये गये कोविड 19 वार-रूम में अचानक एक दिन भाजपा सांसद तेजस्वी सूर्या ने अपने तीन विधायकों के साथ छापा मारा। उनका आरोप था कि उस वार-रूम द्वारा अस्पताल में बेड-बुकिंग घोटाला हो रहा है। फिर उन्होंने एक सूची निकाली, वहाँ काम करने वाले दो सौ से ज़्यादा कर्मचारियों में से सिर्फ़ 16 मुसलमानों की सूची। प्रबंधन ने उन्हें छुट्टी पर भेज दिया, ऐसी ख़बर है लेकिन उनमें से केवल एक ही वहाँ दोबारा नौकरी पर लौट पाया, ऐसी भी ख़बर है। चूँकि उन 16 मुसलमानों का उस कथित घोटाले से कोई लेना-देना नहीं था इसलिए तेजस्वी सूर्या और उनके साथियों का सवाल था कि यह हेल्पलाइन है या मदरसा? जिसे भी इस सवाल का आशय न समझ में आए उसके बारे में कहा जा सकता है कि वह इस देश में नहीं रहता है।

उन स्पेशल – 16 को आतंकवादी भी कहा गया।

अपनों के बीच अजनबी

'द न्यूज़ मिनट डॉट कॉम' पर 12 जुलाई 2021 की एक रपट के मुताबिक़ उन 16 लोगों की त्रासदी यह है कि सोशल मीडिया पर उनके समर्थन में बहुत सारे लोग आये लेकिन उनमें से कोई भी उन्हें वापस नौकरी नहीं दिलवा पाया। 4 मई को यह घटना घटी और उन 16 में से अधिकतर लोग आज भी नौकरी खोज रहे हैं। सूर्या के प्रताप से वो 'स्पेशल – 16' अपने बायोडेटा में बेंगलुरु वार रूम का ज़िक्र भी नहीं करना चाहते। उनमें से एक का अनुभव है कि उसे दूसरी जगह नौकरी इसी कारण से नहीं दी गयी।

यह तो भाजपाइयों की प्रतिभा का प्रताप है कि एक मॉब लिंचिंग के कई प्रकार ईजाद कर लिए गये हैं। अब आरएसएस प्रमुख आदरणीय मोहन भागवत उन्हें भी हिंदुत्व का विरोधी मानते हैं तो मुझे संतोष होगा। अब मुझे यह नहीं पता कि तेजस्वी सूर्या आदरणीय मोहन भागवत के उस बयान पर कैसी प्रतिक्रिया देंगे जिसमें आदरणीय मोहन भागवत ने हिंदू मुसलमान का डीएनए एक होने की बात कही है।

4 मई की घटना के बाद हालाँकि तेजस्वी सूर्या ने माफ़ी माँग ली लेकिन उन 16 लोगों की चैन की नींद वापस नहीं कर पाये, नौकरी नहीं दिलवा पाये, सम्मान वापस नहीं दिलवा पाये। क्यों? क्योंकि नागरिकों के अधिकारों और सम्मान का हनन ही उनकी विचारधारा है।

एक लड़के ने अपने बयान में बताया कि 4 मई की घटना के बाद उसे अनजान लोगों के धमकी भरे कॉल आते थे। वह और उसके परिवार के लोग इतने तनाव में आ गये कि उसने नौकरी के बारे में सोचना ही छोड़ दिया और बेंगलुरु छोड़ कर मुंबई चला गया। ग़नीमत है इस समय महाराष्ट्र में उद्धव ठाकरे की सरकार है।

कई लोगों ने इस मामले को लेकर अदालत जाने का विचार भी छोड़ दिया क्योंकि उन्हें लगता है कि इसका कोई फ़ायदा नहीं है और वो जटिल कानूनी प्रक्रिया में फँसे रहेंगे।

उन्हें उसी नौकरी पर वापस रखे जाने की बात ख़बरों में आई थी पर जून के महीने तक ऐसा कुछ भी नहीं हुआ।

कई लड़के ज़रूरतमंद थे इसलिए उन्होंने यह नौकरी की थी लेकिन कई ऐसे भी थे जिन्हें नौकरी की ज़रूरत नहीं थी, वे बस कोरोना महामारी में लोगों की मदद करना

चाहते थे इसलिए महानगरपालिका के वार रूम में थे। ऐसे लड़कों को आतंकवादी कहा गया। इसलिए कई ऐसे भी हैं जिन्होंने नौकरी पाने के लिए अपने बायोडेटा में इस बात का ज़िक्र ही नहीं किया कि उन्होंने कभी बेंगलुरु महानगरपालिका में काम भी किया था और संयोग से उन्हें नौकरी मिल भी गयी।

घोटाले में जो आरोपी निकले वो सब एक भाजपा विधायक के करीबी बताये गये और सज़ा उन्हें हुई जो मुसलमान थे। क्यों? क्योंकि ऐसा करके असली अपराधी पर से ध्यान हटाने की साज़िश रची गयी भले ही 16 लोगों की ज़िन्दगी बर्बाद क्यों न हो जाये।

तो भाजपा की सांप्रदायिकता अब रोटी पर चोट करने के लिए कमर कस चुकी है। आप तभी तक रोटी खा सकते हैं जब तक आपकी बारी नहीं आ जाती।

मुसलमानों का कोई नेता नहीं है

सरकार के भक्त मित्र-गण अक्सर अफ़सोस करते हुए कहते हैं कि मुसलमानों का कोई नेता नहीं है। पर मेरा सवाल होता है कि आपको क्यों चाहिए मुसलमानों का नेता? मुसलमानों को तो नहीं चाहिए। इस पर वे मेरे शुभचिंतक बनते हुए कहते हैं कि मुसलमानों की बात उठाने वाला कोई तो होना चाहिए। तो सवाल उठता है कि मुसलमानों की बात उठाने वाला मुसलमान ही क्यों होना चाहिए? और मुसलमानों की 'बात' क्या होती है? किसी भी नागरिक की तरह मुसलमानों की भी वही बातें हैं – स्वास्थ्य-शिक्षा-रोज़गार। ये बातें तो कोई भी उठा सकता है। आप भी आवाज़ उठा कर यह कह सकते हैं कि तेजस्वी सूर्या के कारण जिनकी ज़िन्दगी बर्बादी के कगार पर पहुँच गयी है उन्हें पटरी पर लाने की ज़िम्मेदारी कर्नाटक की सरकार ले। उनका सम्मान और उनकी नौकरी वापस दिलवायी जाए। पर शायद आपको यक़ीन नहीं है कि आप या कोई भी ये बातें उठाएगा। लेकिन नहीं। उनका आशय कुछ और था। वह सिर ऐसे हिला रहे थे जैसे मैं उनकी बात नहीं समझ पा रहा हूँ कि एक सांप्रदायिक मुस्लिम नेता कितना ज़रूरी है। अरे भाई, हिंदू नेता पाकर आपका मन नहीं भरा

क्या? या आपको (सांप्रदायिक सत्ता के समर्थक को) इस बात का यक़ीन ही नहीं पूर्ण विश्वास है कि कोई हिंदू नेता मुसलमानों की बात नहीं उठाएगा? मैं ऐसा नहीं मानता।

हास्यास्पद, क्रूर और विद्रूप

दूसरी बार जब मोदी जी चुन कर आये तो मैं अपने मित्रों के ही साथ बैठा था और मैंने कहा कि अब इस देश में अल्पसंख्यक सुरक्षित नहीं हैं, उस वक़्त अल्पसंख्यक से मेरा आशय मुसलमान ही थे। उसके दूसरे ही दिन अनुराग कश्यप को ट्विटर पर उनकी बेटी का बलात्कार करने की धमकी मिली तो मेरे मित्र ने कॉल करके बताया कि आपको डरने की ज़रूरत नहीं है, बीजेपी वाले देखिए अनुराग को भी धमकी दे रहे हैं। वह बलात्कार की धमकी से जितना सहज था, उतना मुझे भी वह सहज करना चाहता था। वह मेरी मनःस्थिति से बहुत चिंतित था। वह यह बताना चाहता था कि बीजेपी वाले केवल मुसलमानों को नहीं, हिंदुओं को भी मारेंगे। इसलिए मुझे घबराना नहीं चाहिए। असल में जो भी उनका विरोध करेगा चाहे वह हिंदू हो या मुसलमान, उसको धमकी तो मिलेगी ही। इसलिए बीजेपी पर सांप्रदायिक होने का आरोप सही नहीं है। मेरा मित्र मोदी का भक्त भी है और वोटर भी। शायद मेरा शुभचिंतक मित्र मुझे बताना चाहता हो कि बीजेपी के समर्थन में ही हमारी सुरक्षा है। मुझे समझाने के लिए उसने बताया कि हर सरकार ऐसा करती है, हर पार्टी ऐसा करती है, इसको मुस्लिम समुदाय से जोड़ना ठीक नहीं है आदि आदि। है न ये पूरी बातचीत हास्यास्पद भी, क्रूर भी, विद्रूप भी? मेरे मित्र को पता है कि भाजपा के मॉब लिंचर कहीं भी पहुँच सकते हैं। किसी के भी घर में घुस सकते हैं, अब उनकी सरकार है। मैं ऐसा नहीं मान पा रहा हूँ कि वह अपने आप को इसका अपवाद मान रहा होगा।

बहरहाल, मैंने पहले ही कहा है कि सांप्रदायिकता स्त्री विरोधी भी होती है। अनुराग कश्यप को धमकी वाली घटना से यह बात पुष्ट भी होती है।

असल में आज की सांप्रदायिकता एक साथ इतने निशाने साधती है कि जब तक आप उसका चरित्र निर्धारण करके समझने की कोशिश करें तब तक उसका चरित्र

बदल जाता है। वह कहावत सुनी होगी कि जब तक सच घर से निकलने की सोचता है तब तक झूठ पूरे बाज़ार में घूम आता है। सांप्रदायिकता और धर्मनिरपेक्षता का चरित्र भी ऐसा ही है। बिना झूठ के सांप्रदायिकता फैल नहीं सकती और धर्मनिरपेक्षता सच के अहंकार में बेपरवाही के साथ घर में बैठी होती है। झूठ केवल तथ्यहीनता से ही नहीं प्रेमहीनता से भी उपजता है। यानी आप पहले तय करते हैं कि आपको किसका शिकार करना है। फिर तय होता है कि छिपाना क्या-क्या है और बताना क्या-क्या है?

मुसलमानों की संस्कृति

एक छोटी सी पार्टी चल रही थी। घर में ही। 2014 में प्रचंड बहुमत प्राप्त करके सरकार बन चुकी थी। एक मित्र, शालीन मित्र, दूसरे मित्र को समझा रहे थे, जो घोषित सरकार-भक्त-गण समुदाय के थे, कि अब मुसलमानों को ख़त्म तो कर नहीं सकते, उन्हें भगाएँगे भी तो कहाँ भगाएँगे? यहीं रहने वाले हैं सब। इसलिए समन्वय का रास्ता अपनाना चाहिए। इधर मैं सोच रहा था कि अच्छा! ख़त्म करने की बात तय हुई थी? भगाने की बात चल रही थी? क्या इस प्रचंड बहुमत का अंतर्निहित आशय यही था? दूसरे मित्र इस तरह रूठे हुए बैठे थे जैसे कि पहले वाले मित्र को जिस बात के लिए वोट दिया था अब वह उससे मुकर रहे हैं। रूठे हुए दूसरे मित्र मुझे देखते ही कहने लगे कि मुसलमान कुर्ता-पाजामा क्यों पहनते हैं? क्यों बिना मूंछों के दाढ़ी रखते हैं? क्या यह भारतीय संस्कृति है? मैं अपनी हँसी इसलिए दबा गया क्योंकि वे बड़े क्रूर दिख रहे थे। हँस देता तो वह मार बैठते। इसलिए मैंने ऐसा मुँह लटकाया जैसे मुझ से बड़ा गंभीर कोई न हो। मैंने कहा कि भइया, आप जो पोशाक पहनते हैं वह भी तो भारतीय संस्कृति का नहीं है। आप जो भाषा कामकाज के लिए इस्तेमाल करते हैं वह भी तो भारतीय संस्कृति की नहीं है। आप जो फ्रेंच कट दाढ़ी रखते हैं वह तो नाम से ही विदेशी है। आप अपने बच्चों को वैसे ही स्कूल में भेजते हैं जहाँ भारतीय संस्कृति का कोई चिह्न दूर-दूर तक नहीं दिखाई देता है। उनके 'एजुकेशनल बोर्ड' भी अमेरिकन होते हैं और आपको इस पर गर्व भी होता है। तो आप मुसलमानों से क्यों उम्मीद

करते हैं कि वे भारतीय संस्कृति का पालन करें? उनको कोई जवाब नहीं सूझा। इसके अलावा मैंने जो नहीं कहा वह यह था कि आप तो घर में भी हाफ़ पैंट पहनते हैं, इसमें कोई बुराई नहीं है, मैं भी पहनता हूँ। पर मैं आपकी तरह धोती-लुंगी को पिछड़ा हुआ नहीं मानता। मैं कभी कभी लुंगी पहन भी लेता हूँ।

पर अब मुझे 'कपड़ों से पहचानने' की प्रधानमंत्री की अपील याद आ रही है। यानी उनके बौद्धिक वर्ग में यह बात पहले से ही थी जो अब मॉब लिंचरों तक पहुँच चुकी है।

बहरहाल, मैंने इस बात का लिहाज़ रखा कि उक्त मित्र को किसी भी सूरत में तर्क से पराजय का अहसास न हो इसलिए मुसलमानों की आलोचना में कुछ इक्के-दुक्के तर्क उनकी ओर उछाले तो उनके सांप्रदायिक कलेजे में ठंडक पहुँची और उनका हौसला बढ़ गया।

उन्होंने झपट कर कहा कि मुसलमान अपना मोहल्ला इतना गंदा क्यों रखते हैं? क्या आप बताएंगे मिस्टर कम्युनिस्ट?

मैं समझ गया कि उनको अब कैसे समझाना है।

मैंने पूछा, क्या आप मुस्लिम मोहल्ले में रहते हैं?

बिदक कर और गौरव गान सुनाने के अंदाज़ में उन्होंने कहा कि नहीं, और हमारी हाउसिंग सोसायटी में भी कोई मुसलमान नहीं है। कभी-कभार कोई नौकर चाकर या वाचमैन मुसलमान निकल आते हैं, तो हम लोग कुछ कहते नहीं हैं।

उनका अहसान मानते हुए मैंने बड़ी सराहना की और पूछा कि सोसायटी और मोहल्ले की नालियों की सफ़ाई तो आप ही करते होंगे?

छूटते ही उन्होंने कहा कि हम क्यों करेंगे सफ़ाई? यह हमारा काम थोड़े ही है? नगरपालिका वाले आते हैं। वह उनका काम है।

तो मुसलमान अपने मोहल्ले की सफ़ाई ख़ुद क्यों करेगा? उसके मोहल्ले में नगरपालिका वाले क्यों नहीं आते? अब तो आपकी सरकार है। नगरपालिका वालों से पूछिए और उनको बोलिए कि मुसलमानों के मोहल्ले में भी सफ़ाई किया करें। मुझे विश्वास है कि आप ऐसा करेंगे क्योंकि आपको दिल की गहराइयों से मुसलमानों की चिंता है।

फ़रीद ख़ाँ

मुझे बचपन की याद है कि पटना के चौधरी टोला मोहल्ले की नालियों में इतना साफ़ पानी बहता था मानो पीने का पानी बह रहा हो और थोड़ी दूर पर पथरी घाट के पास एक हरिजन बस्ती में नाली बजबजाती रहती थी। उसके आगे पठान टोली नाम का मुस्लिम बहुल मोहल्ला था जहां हमेशा कूड़े का अंबार लगा होता था। एक एक महीने पर नगरपालिका का ट्रैक्टर आकर कूड़ा लेकर जाता था। जिस दिन कूड़ा हटाया जाता था उस दिन लगता था कि चौराहे की किसी ने हजामत बना दी है और वह गंजा हो गया है।

मेरा अनुभव है कि ग़रीबी, गंदगी, अशिक्षा, ख़राब स्वास्थ्य आदि आदि का आपस में चोली दामन का साथ है। इसको आप अगर सांप्रदायिक नज़रिए से देखेंगे तो आप देश की ग़रीबी, गंदगी, अशिक्षा और ख़राब स्वास्थ्य को कभी नहीं देख पाएँगे।

'मुसलमान केवल मुसलमान होते हैं'

ऊपरी तौर पर यह बात ठीक ही लगती है। मुसलमान केवल मुसलमान होते हैं, हिंदू केवल हिंदू होते हैं, सिख केवल सिख होते हैं, ईसाई केवल ईसाई होते हैं। तो पता चलता है कि नहीं, मुसलमान ही केवल मुसलमान होते हैं, बाकी समुदाय की तो और भी ढेर सारी पहचान होती है। तो ध्यान से सोचने पर समझ में आता है कि यह आपको संस्कृति-विहीन करने की सामाजिक साज़िश का हिस्सा है। इसका मतलब यह स्थापित करने की कोशिश की जा रही है कि कोई मुसलमान भारतीय नहीं होता, उत्तर भारतीय नहीं होता, दक्षिण भारतीय नहीं होता, बंगाली नहीं होता, गुजराती नहीं होता, मराठी नहीं होता, कन्नड़, मलयाली, तमिल, तेलुगू, ओड़िया, असमी, मणिपुरी नहीं होता या पूर्वोत्तर का नहीं होता, हिमाचली नहीं होता, कुमाऊंनी या गढ़वाली नहीं होता, कश्मीरी नहीं होता आदि आदि। मतलब अगर आप यह मान रहे हैं कि मुसलमान केवल मुसलमान होता है (और उसी तर्ज़ पर आप सोच कर देखिए कि हिंदू केवल हिंदू होता है) तो विश्वास कीजिए, कोई आपकी स्थानीयता और राष्ट्रीयता नष्ट करने की मुहिम पर लगा हुआ है।

अपनों के बीच अजनबी

पहले ही स्पष्ट कर दूँ कि इस बात का संबंध भाजपा की प्रचंड बहुमत वाली सरकार से नहीं है। लेकिन इन बातों ने, आंशिक ही सही, इस सरकार में ज़रूर योगदान दिया होगा।

पहले उदाहरण देखिए : एक बार मुंबई में मैं अपने घर में एक नागपुर निवासी दोस्त, के साथ बैठा था। उसने सामान्य तौर पर पूछा :

आपके फ़्लोर पर मराठी परिवार कितने हैं?

मैंने सोच कर बताया कि एक हसीना (बदला हुआ नाम) ही है। बाकी लोग महाराष्ट्र के बाहर के हैं।

उसने चौंक कर कहा, वह मुसलमान है? तो वह मराठी कैसे हुई?

मैंने उसको बताया कि उसका परिवार सदियों से मुंबई में ही रह रहा है तो मराठी ही हुई। अगर मराठी शब्द से दिक़्क़त है तो महाराष्ट्रीयन बोल देता हूँ।

तो उसने हँस कर मुझ नासमझ को समझाते हुए कहा कि बात मराठी और महाराष्ट्रीयन की नहीं है। बात मराठी और मुसलमान की है।

तो मैंने उससे कहा कि अगर मैं बिहारी हूँ तो वह मराठी क्यों नहीं है?

उसने बताया कि मैं भी बिहारी नहीं हूँ। जीवन में पहली बार कोई मुझसे कह रहा था कि मैं बिहारी नहीं हूँ। मतलब जिस बिहार का मैं निवासी हूँ मैं उस बिहार का निवासी नहीं हूँ? उसे हँसी आ रही थी कि मैं बेचारा समझ ही नहीं पा रहा हूँ। तो मैंने पूछा कि मैं इस देश भारत का नागरिक हूँ कि नहीं? सही वक़्त पर पता चल जाना चाहिए। कहीं ऐसा न हो कि मरते वक़्त पता चले कि जिस भारत के लिए मैं जान देने को तैयार हूँ उस भारत का मैं नागरिक ही नहीं हूँ। तो उसने मुझे तसल्ली दी कि मैं भारत का तो नागरिक हूँ लेकिन बिहारी नहीं हूँ। मेरी झुँझलाहट बढ़ रही थी लेकिन शालीनता धारण करके मैंने पूछा कि अगर मैं भारत का नागरिक हूँ तो भारत में कहाँ से हूँ?

उसने मासूमियत से जवाब दिया – बिहार से।

तो मैं बिहारी हुआ कि नहीं?

उसने जवाब दिया – नहीं। मुसलमान कैसे बिहारी होंगे? बिहारी केवल हिंदू होंगे।

धीरे-धीरे मुझे समझ में आ रहा था कि बात की दिशा क्या होने वाली है लेकिन मैं भी पिला पड़ा था। मैंने सवाल किया कि अगर आज मैं हिंदू हूँ तो क्या मैं बिहारी कहलाऊंगा?

उसने कहा – यस, ऑफ़ कोर्स।

फिर मैंने पूछा कि बिहारी रहते हुए मैं इस्लाम क़ुबूल कर लूँगा तब भी मैं बिहारी तो रहूँगा ही न?

उसने कहा – नहीं? इस्लाम क़ुबूल करते ही आप बिहारी नहीं रह जाएंगे।

उपरोक्त बहस किसी अशिक्षित व्यक्ति से नहीं हो रही थी। पढ़े-लिखे बौद्धिक वर्ग से संबंध रखने वाले से हो रही थी। बहुत सारे विद्यार्थियों का जीवन संवारने वाले व्यक्ति से हो रही थी।

यानी वह हसीना जो सदियों से मुंबई और महाराष्ट्र में रहती है, जिसका अरब, तुर्की, ईरान या अफ़ग़ानिस्तान से या अमेरिका-इंग्लैंड से यहाँ आने का कोई इतिहास भी नहीं है, वह मराठी या महाराष्ट्रीयन नहीं है। दीवार पर सिर मारने से बेहतर था कि मैं चुप हो जाता और मैं चुप हो गया।

जिन थोड़े से लोगों का अरब, तुर्की, ईरान या अफ़ग़ानिस्तान या अमेरिका-इंग्लैंड से यहाँ आने का कोई इतिहास है भी, उनकी भी इस देश में एक स्थानीय पहचान हो सकती है। जैसे लंदन में रहने वाला हिंदू लंदन का भी है, इंग्लैंड (इंग्लिश) का भी है, ब्रिटेन (ब्रिटिश) का भी है और यूके का भी है और साथ ही साथ वह भारत का भी है। शायद वहां सांस्कृतिक राष्ट्रवाद नहीं है, इसलिए वहाँ स्थानीय, राष्ट्रीय और अंतरराष्ट्रीय सभी तरह की पहचानों के साथ रहा जा सकता है। अमेरिका में रहने वाले भारतीय मूल के लोगों ने बताया कि वे 15 अगस्त और 26 जनवरी मनाते हैं। अमेरिकी नागरिक होते हुए भारत का स्वतंत्रता दिवस और गणतंत्र दिवस मनाते हैं? जी मनाते हैं, इन मामलों में उदार है वहाँ का समाज।

जब मेरी नयी-नयी शादी हुई थी, मैंने कई दोस्तों को बताया कि मेरी पत्नी आधी बंगाली है तो उन्होंने समझा कि उसके माँ-बाप में से कोई हिंदू(बंगाली) होंगे। जबकि मैंने इसलिए कहा था कि मेरी पत्नी ने बचपन से लेकर हाई स्कूल तक की पढ़ाई बंगाल में की है और उस पर बंगाली संस्कृति का गहरा असर है। वह धारा प्रवाह बंगला बोल

सकती है। उसे बंगाली पार वाली साड़ी और बिंदी लगाना पसंद है। दुर्गा पूजा और काली पूजा का प्रसाद खाने हम लोग मुंबई के हीरानंदानी तक चले जाते हैं।

बहरहाल, वह हसीना महाराष्ट्रीयन नहीं है और मैं बिहारी नहीं हूँ, लेकिन हम भारतीय नागरिक हैं। बड़ी मेहरबानी है। पंद्रह साल से ज़्यादा हो गये मुझे मुंबई में रहते हुए। मैं तो अब ख़ुद को मुंबईकर भी मानने लगा हूँ। पर अगर मैं साथ में स्वयं को बिहारी भी मान लूँ तो ग़लत है क्या? बिहारी होने के साथ मैं स्वयं को पटना वाला मान लूँ तो ग़लत है क्या? मेरे माँ-बाप का संबंध छपरा से है तो मैं स्वयं को भोजपुरिया भी मानूँ तो ग़लत है क्या?

स्वास्थ्य के मामलों में एक सुरक्षित जीवन जीने के लिए इस समय मुंबई से बेहतर कोई दूसरी जगह पूरे देश में नहीं है इसलिए मैं मुंबई में रहना पसंद करता हूं। इसके बावजूद मैं बिहार से प्रेम करूँ तो ग़लत है क्या? मैं जितना मुंबईकर हूँ उतना बिहारी भी तो हो सकता हूँ न?

तारिक फ़तह

तारिक फ़तह हिंदी पट्टी के मुसलमानों के दिल में चुभते हैं। अहिंदी भाषी क्षेत्र में उन्हें कोई नहीं जानता है। बहरहाल, उनकी तारीफ़ यह है कि वह डंके की चोट पर अपने पूर्वजों को हिंदू बताते हैं। बहुत कम मुसलमान यह हिम्मत दिखा पाते हैं। वह डंके की चोट पर मुस्लिम सांप्रदायिकता पर चोट करते हैं और साथ ही डंके की चोट पर हिंदू सांप्रदायिकता का समर्थन करते हुए हिंदू-राष्ट्र का समर्थन भी करते हैं। शायद आठ-नौ सालों से उन्हें भारतीय टीवी पर देखा जा रहा है और उन सबका निचोड़ फ़िलहाल यही है। उनके बारे में भ्रम की कोई स्थिति नहीं है कि वे ईमानदारी से भाजपा के एजेंडे पर काम करते हैं। भाजपा के इस उभार में अगर शून्य-दशमलव-शून्य-एक-प्रतिशत भी उनका योगदान है तो भाजपा को उनका अहसानमंद होना चाहिए। मैं व्यक्तिगत रूप से इसके लिए उनका अहसानमंद हूँ कि इस देश को एक मज़बूत सरकार देने में उनका योगदान अद्वितीय है।

फ़रीद ख़ाँ

तारिक फ़तह पाकिस्तान की हर नाकामी का इलज़ाम इस समय भारत में रह रहे मुसलमानों पर मढ़ते हैं और ख़ुद को उससे अलग रखते हैं। मैं अगर इस समय यह कहूँ कि वे भारत के मुसलमानों पर पाकिस्तान की बर्बादी का इलज़ाम थोप कर ख़ुद कनाडा में बस गये, वहाँ की नागरिकता ले ली, तो शायद यह व्यक्तिगत आक्षेप हो जाएगा। चूँकि कई लोगों को लगता है कि तारिक फ़तह भारत के नागरिक हैं केवल उनके सूचनार्थ कि तारिक साहब पाकिस्तानी मूल के हैं और अभी कनाडा के नागरिक हैं। इस तरह मुसलमान केवल मुसलमान नहीं होता, मुसलमान पाकिस्तानी भी होता है, कनाडा का भी होता है और मुसलमान तारिक फ़तह भी होता है।

अगर मैं यह कहूँ कि जैसे भारत की किसी भी तरह की नाकामी का हिस्सेदार मैं भी हूँ उसी तरह तारिक साहब भी पाकिस्तान की नाकामी अथवा बर्बादी के हिस्सेदार हैं तो क्या ग़लत होगा? जी, ग़लत होगा क्योंकि अब वह पाकिस्तान के नागरिक नहीं हैं और चूँकि मैंने उनकी तरह अपना मुल्क नहीं छोड़ा है, उनकी तरह अपने जीवन को पहले एक विकसित देश में सुरक्षित नहीं कर लिया है और तब आकर भारत के मुसलमानों का जीना हराम नहीं कर रहा हूँ, इसलिए मेरा फ़र्ज़ बनता है कि अपने देश में किसी भी पीड़ित के साथ अपनी संवेदना रखूँ। भारत का संविधान और क़ानून भी यही करता है। इसलिए भाजपा के उभार के दौर में मैं मुसलमानों और दलितों के साथ अपनी संवेदना रखता हूँ।

आप तारिक फ़तह का कोई भी वीडियो देख लें उनमें तारिक साहब किसी भी सवाल के जवाब में सिंध का इतिहास, पंजाब का इतिहास, पाकिस्तान के वजूद और यूपी के मुसलमानों की बात करते हैं, करते रहते हैं। उन्हें अपनी स्क्रिप्ट कंठस्थ है। अगर उनमें थोड़ा सा भी हेरफेर दिखे तो समझिए कि उनके पास दो-तीन स्क्रिप्ट हैं। सांप्रदायिक सुख लेने वाले दक्षिणपंथी उन्हें ज्ञानी मानते हैं।

न्यूज़ चैनल 'आज तक' पर (यूट्यूब पर 28 अप्रैल 2020 का वीडियो) गीतकार जावेद अख़्तर से वह एक बार कहते हैं कि उर्दू भोजपुरी है और दूसरी बार कहते हैं कि खड़ी बोली है। फिर वह कहते हैं कि पंजाबियों पर आप लोगों ने उर्दू थोपी है। आप लोगों से उनकी मुराद मुसलमानों से है यानी भारत के मुसलमानों ने पाकिस्तान में रहने

वाले पंजाबियों पर उर्दू थोपी है? तो भारत के मुसलमानों ने भारत के मुसलमानों पर उर्दू क्यों नहीं थोप दी? मैं लखनऊ के बहुत सारे मुसलमानों को जानता हूँ जो उर्दू तो बिहारियों से भी अच्छी बोलते हैं लेकिन लिख-पढ़ नहीं सकते। दक्षिण भारत के मुसलमानों की तो चर्चा ही यहां बेमानी होगी। मेरे परिवार में मेरे अलावा मुश्किल से एक या दो लोग उर्दू जानते हैं। इन मुसलमानों ने पाकिस्तान के पंजाबियों पर उर्दू थोप दी। अगर थोप दी तो तारिक साहब को उर्दू को झटक देना चाहिए था। बदन पर चिपके इस ज़ख़्म को काट कर फेंक देना चाहिए था। अपने बांग्लादेशी भाई बंधुओं से इतना तो सीखते। उन्होंने तो उर्दू की हुक्मरानी बर्दाश्त नहीं की और विद्रोह कर दिया। एक अलग मुल्क ही बना लिया इस बात पर। उर्दू में अपनी नफ़रत का इज़हार करने वाले तारिक साहब ने विद्रोह करने के बजाय अपना मुल्क छोड़ना ज़रूरी समझा।

भारतीय सिनेमा में गुलज़ार साहब एक मशहूर गीतकार हैं, जो पंजाबी हैं और जो 'जिसकी ज़बां उर्दू की तरह' लिखते हैं, तारिक फ़तह साहब को उन्हें इस बात के लिए राज़ी करना चाहिए कि यह तो यूपी के मुसलमानों की ज़बान है जो आप पर थोपी गयी है, इसे अपनी ज़िन्दगी से झटक दीजिए। उन्हें समय का पहिया पीछे घुमाना चाहिए और जब पाकिस्तान नहीं बना था, उस समय के पंजाब से ताल्लुक रखने वाले उर्दू के अदीबों से जाकर अपील करनी चाहिए कि आप तो यूपी के मुसलमानों की थोपी हुई ज़बान में लिख रहे हैं, काट कर फेंक दीजिए। मैं यह सोच नहीं पाता हूँ कि अभिनेता प्राण, धर्मेन्द्र, एक के हंगल, अमरीश पुरी आदि किस यूपी वाले के दबाव में उर्दू में अपने डायलॉग्स पढ़ते थे? या कृश्न चंदर, राजेन्द्र सिंह बेदी और मंटो जो आज़ादी और बँटवारे के पहले से उर्दू में लिख रहे थे, किस तरह यूपी वालों के दबाव में रहे होंगे? या अल्लामा इकबाल जो आज़ादी और बँटवारे के लगभग दस साल पहले गुज़र चुके थे, उन्होंने यूपी के मुसलमानों के दबाव में आकर उर्दू में किस तरह 'सारे जहां से अच्छा' की रचना की होगी?

इससे पहले कोई यह कहे कि मुग़लों के दौर में उर्दू को इतनी तरजीह दी गयी इसलिए सबने उर्दू सीखी तो मैं यह बता दूं कि उर्दू मुग़लों की भाषा नहीं थी और न ही मुग़ल यूपी के थे।

फिर तारिक साहब कहते हैं कि उर्दू तुर्क छोड़ गए। मेरी उन तक पहुँच नहीं है, कोई सरकार-भक्त मेरी बात उन तक पहुँचा दे कि आप तय कर लीजिए कि उर्दू तुर्कियों की ज़बान है या खड़ी बोली है या भोजपुरी है या यूपी वालों की, हम ग़रीब लोग वही मान लेंगे लेकिन पल-पल पहलू बदलने के साथ-साथ अपना विचार मत बदलिए, हम लोगों को काम पर भी जाना है।

तारिक फ़तह का आरोप है कि उर्दू वाले पंजाबी को इलाकाई ज़बान कहते हैं। भाई हम हिंदी सिनेमा वाले तमिल, तेलुगू, कन्नड़ और मलयालम फ़िल्मों को रीजनल फ़िल्म कहते हैं। यह ग़लत ज़रूर है पर इसके लिए मुसलमानों पर निशाना साधना जायज़ कैसे हो गया?

तारिक फ़तह ने जावेद अख़्तर जैसे देशभक्त और सेकुलर व्यक्ति को कहा कि आप मुसलमानों को (भारत में) आने से रोकते हैं। जबकि तारिक फ़तह भारत के गृह मंत्री अमित शाह के संसद में दिये बयान पर बात नहीं करते जिसमें उन्होंने साफ़-साफ़ मुसलमानों का नाम लिए बिना बता दिया कि बाहर से आने वाले मुसलमानों को नागरिकता नहीं मिलेगी। वैसे भी यहाँ के मुसलमान दूसरे देशों के मुसलमानों को यहाँ आने से कैसे रोक सकते हैं? रोकना और नहीं रोकना तो सरकार का काम है। फिर तारिक साहब ने जावेद अख़्तर को कहा कि आपका ताल्लुक सिर्फ़ उर्दू, इस्लाम और पाकिस्तान से है। तारिक फ़तह निरंतर ख़ुद को हिंदुस्तानी और जावेद अख़्तर को पाकिस्तानी साबित करने पर तुले हुए थे क्योंकि देश में जो जावेद साहब की बातों को गंभीरता से लेते हैं, उन तक यह संदेश जाए कि भाई यह तो पाकिस्तानी है, इसीलिए सांप्रदायिकता का विरोधी है। जो लोग उनके गीत सुन कर आनंद लेते हैं उन तक यह संदेश जाए कि भाई तुम एक पाकिस्तानी का गीत सुन रहे हो। यह बहुत धीमा ज़हर इस देश के सेकुलर लोगों के ख़िलाफ़ तारिक फ़तह के माध्यम से फैलाया जा रहा है।

तारिक फ़तह का कहना है कि इमाम हुसैन को मुसलमानों ने मारा। सही बात है, इसीलिए दादरी में अख़लाक़ की मॉब लिंचिंग पर वह बात नहीं करते हैं? इसीलिए जुनैद की बात नहीं करते हैं? इसीलिए गुजरात दंगे पर वह बात नहीं करते? इसीलिए चौरासी के सिख विरोधी दंगे की बात नहीं करते हैं? बात करते-करते अचानक से वे

इमाम हुसैन का आख़िर नाम क्यों ले आते हैं? असल में तारिक फ़तह इमाम हुसैन का नाम लेकर शिया समुदाय का ध्रुवीकरण अपनी तरफ़ कर रहे थे।

हिंदू राष्ट्र चाहने वाले तारिक फ़तह को आत्महत्या करते हिंदू किसान नहीं दिखते। उनको बेरोज़गार होते हिंदू नौजवान नहीं दिखते। उनको बलात्कार की घटनाएँ नहीं दिखतीं। उनको सांप्रदायिकता की आड़ में कॉर्पोरेट की लूट नहीं दिखती। क्यों? क्योंकि हिंदू राष्ट्र को ऐसा ही होना है। तारिक फ़तह को हिंदू राष्ट्र से कोई 'प्रॉब्लम' नहीं है लेकिन मुसलमानों के सांप्रदायिक होने से प्रॉब्लम है। जबकि मुझे दोनों से ही 'प्रॉब्लम' है।

मिनी पाकिस्तान : एक परिचय

'अगर तुमको अच्छा नहीं लगता तो पाकिस्तान चले जाओ', 'अगर इस चुनाव में हम नहीं जीते तो पाकिस्तान में पटाखे फूटेंगे', 'पाकिस्तानी एजेंट कहीं का', 'साले पाकिस्तानी, घर में घुस कर मारूंगा' – ये सब उनके विचार हैं, उनकी भाषा है, उनकी संस्कृति है जो वर्तमान सरकार की भक्ति करते हैं, जिन्हें नौकरी से निकाल दिया गया है, जो सिर से पाँव तक क़र्ज़ में डूबे हुए हैं, जिनके गाँव के किसान अपने ही खेत में मज़दूर बन गये हैं, जिनको बच्चे के इलाज में प्राइवेट अस्पताल ने लूट लिया है और जो आरक्षण की आड़ में दलितों पर निशाना साधते रहते हैं, ऐसे सरकार-भक्त सुबह की चाय से लेकर रात की शराब तक सैकड़ों बार अपने देश के नागरिकों को पाकिस्तान भेजते रहते हैं, सिर्फ़ इसलिए कि वो नागरिक या तो मुसलमान हैं या देश की सरकार की उन्होंने कोई आलोचना कर दी है।

मुस्लिम बहुल इलाके को मिनी पाकिस्तान कहने का चलन है हमारे यहाँ। यह कहने का अभ्यास इतना सरस-सलिल है कि सांप्रदायिक तत्व ख़ुद ही इस बात को स्वीकार करते प्रतीत होते हैं कि भारत भीतर से दो हिस्सों में बँटा हुआ है। ये वो लोग हैं जो अखंड भारत का सपना दिखा कर ध्रुवीकरण करते हैं। बेचारा पाकिस्तान कभी

अपने नागरिकों के काम तो नहीं आ सका लेकिन भारत के सांप्रदायिक तत्वों के बहुत काम आता है। पाकिस्तान में भी उतना पाकिस्तान नहीं बसता जितना भारत के सांप्रदायिक तत्वों के दिलों में बसता है पाकिस्तान।

मुस्लिम मोहल्ले गंदे होते हैं। संकरे और संकुचित होते हैं। एक बड़ा सा नाला होता है जो खुलेआम खुला होता है। उसकी कभी सफ़ाई नहीं होती। फेरीवाले सड़क पर ठेला लगा कर सड़क की चौड़ाई कम कर देते हैं। ट्रैफ़िक पुलिस नहीं होती। सड़क हमेशा जाम रहती है। वहां कोई सरकारी चिकित्सालय नहीं होता है। अगर होता है तो डॉक्टर नहीं होता। अगर डॉक्टर होता है तो उसका सारा ध्यान मरीज़ों को अपने प्राइवेट क्लिनिक में बुलाने पर रहता है। प्राइमरी या मिडिल सरकारी स्कूल होते हैं। लेकिन पढ़ाई का स्तर किसी भी दूसरे सरकारी स्कूलों जैसा ही निम्नतर होता है। ये मुस्लिम मोहल्ले सामान्य तौर पर ग़रीबों के मोहल्ते होते हैं इसलिए इन मोहल्लों के बच्चे अच्छे प्राइवेट स्कूल नहीं जा पाते। झक मार कर उन्हें उन स्कूलों में ही दाख़िला लेना पड़ता है आदि आदि।

टोपी और दाढ़ी वाले पुरुषों और बुर्के वाली औरतों को हमारे देश में किसी दूसरे ग्रह से टपके प्राणी के रूप में देखा जाता है। अमूमन पूरा देश उनसे सामाजिक दूरी बना कर रखता है (फिर भी कहता है कि उनसे कोरोना फैलता है) और उनके बारे में सबसे अधिक कहानी और चुटकुले बनाने में व्यस्त भी रहता है। मैंने घिसे और पिटे हुए चुटकुलों पर भी लोगों को लहालोट होकर हँसते हुए देखा है सिर्फ़ इसलिए कि उसमें सांप्रदायिक सुख है, जैसे : 'मुस्लिम लड़कियाँ भईया कहते कहते सैंय्या बना लेती हैं'। इससे पैदा हुई असहजता के साथ टोपी, दाढ़ी और बुर्के वाले लोग किसी मिश्रित आबादी में रहने का साहस कैसे करें? कोई भी व्यक्ति स्वतंत्र हो कर अपनी धार्मिक पहचान के साथ ज़िन्दगी बिताना अपना अधिकार समझता है और वह अधिकार उसे जहाँ न मिले वहाँ वह क्यों रहे? रोज़मर्रा की 'उन' नज़रों से बचने के लिए मुसलमान मुस्लिम मोहल्ले में रहते हैं। यह तो उनकी बात है जो मुस्लिम मोहल्ले में रहते हैं। लेकिन जो मिश्रित आबादी में या ग़ैर मुस्लिम मोहल्लों में रहना चाहते हैं उन्हें वहाँ इतनी अड़चनों का सामना करना पड़ता है कि वे थक हार कर मुस्लिम मोहल्लों में जाकर बस जाते हैं। इस तरह का सामाजिक व्यवहार एक विशेष क्षेत्र को

'मिनी-पाकिस्तान' बना देता है। अवचेतन में बार-बार याद दहानी करवायी जाती है कि आप भारत के नहीं पाकिस्तान के हैं। मुसलमानों को इस मानसिक प्रताड़ना के साथ 'मिनी-पाकिस्तान' में रहना पड़ता है।

बहुत सारे ऐसे मुसलमान भी कथित मिनी-पाकिस्तान में रहते हैं जिनके परिवार शहर के दंगे फ़साद में ख़त्म हो गये। जिनका कारोबार उन दंगों में लूट लिया गया। वे लोग अपनी सुरक्षा के लिए तथाकथित 'अपनों' के बीच रहना पसंद करते हैं।

मेरा अनुभव यह भी है कि मुस्लिम मोहल्ला असल में कारीगरों और मज़दूरों का मोहल्ला होता है। आपको मुस्लिम मोहल्ले में प्लंबर, इलेक्ट्रीशियन, दीवार पेंट करने वाले, लकड़ी पॉलिश करने वाले, गद्दा और तकिया बनाने वालों से लेकर कंप्यूटर इंजीनियर, मोबाइल रिचार्ज और रिपेयर करने वाले, रिमोट बनाने वाले तक एक मोहल्ले में मिल जाते हैं। सब्ज़ी और फल वाले भी पास-पास रहते हैं और अपना ठेला साथ में लगाते हैं। सबके काम एक दूसरे से जुड़े होते हैं। सब एक-दूसरे का मोबाइल नंबर अपने ग्राहकों को बाँटते रहते हैं। इस तरह सह-अस्तित्व से उनका सह-जीवन चलता रहता है। पर हमारी ट्रेनिंग है उनको उनके संप्रदाय से पहचानने की। इसलिए जब कोरोना की पहली लहर में सांप्रदायिक लहर उठी थी तो सबसे पहले यही आह्वान हुआ कि मुस्लिम सब्ज़ी वालों से सब्ज़ी न ख़रीदो। लोगों ने इसमें बढ़-चढ़ कर हिस्सा लिया और तमाम मुस्लिम कारीगरों और मज़दूरों का बहिष्कार किया जो बहुत दिनों तक चल नहीं पाया। जो चीज़ सांप्रदायिक बहिष्कार के रूप में हमारे सामने आती है वह असल में ग़रीबों का बहिष्कार है। आसान टार्गेट ग़रीब होता है, इसलिए। जब मुंबई में बिहार और यूपी वालों को पीटा जा रहा था, उसमें भी ग़रीब ही पिट रहे थे, मर रहे थे।

हम मानसिक रूप से ग़रीबों के ख़िलाफ़ हैं और राज्य सत्ता हमारी उसी नफ़रत को तरह-तरह से इस्तेमाल करती है। एक पल के लिए अपने विषय को इस जगह छोड़ कर मैं एक छोटी सी बात बताता हूँ। कई मित्र कहते हैं कि इस देश में केवल एक प्रतिशत लोग टैक्स भरते हैं। कुछ लोग इसको दो प्रतिशत भी कहते हैं। (मेरी दिलचस्पी इस आँकड़े में बिल्कुल नहीं है इसलिए मुझे पता नहीं।) उनके कहने का अंदाज़ ऐसा होता है कि उन एक या दो प्रतिशत लोगों के पैसों पर ही सवा सौ करोड़ लोगों का देश चल रहा है। अर्थात एक/दो प्रतिशत लोगों के पैसे पर अन्ठान्वे/ निन्यानवे प्रतिशत लोग

ऐश कर रहे हैं। वे तमाम मित्र यह सोचने की ज़रा भी ज़हमत नहीं करते कि हम जो भी चीज़ ख़रीदते हैं उस पर कुछ न कुछ टैक्स देना ही पड़ता है। हर पैकेट पर 'इन्क्लूसिव ऑफ़ ऑल टैक्सेज' (जो पहले लोकल टैक्स एक्स्ट्रा कहलाता था) लिखा होता है और कहीं कहीं अब जीएसटी का प्रतिशत भी लिखा होता है। इस देश में और शायद इस दुनिया में अब ऐसा कोई व्यक्ति न होगा जो बिना कुछ ख़रीदे जीवित है। चाहे वह कोई वस्तु ख़रीदे या सर्विस। भिखारी भी भीख में मिले पैसों से कुछ ख़रीदता है और ख़रीदी हुई वस्तु पर टैक्स देता है। मैं फिर से दुहरा देता हूँ, इस देश का भिखारी भी टैक्स देता है। तो जो ख़रीदता है वह टैक्स भी देता है। इस तरह इस देश का हर व्यक्ति टैक्स देता है लेकिन शायद एक/दो प्रतिशत लोग ही रिटर्न 'फ़ाइल' करते हैं। फ़ाइल करने और टैक्स देने में फ़र्क होता है, यह तो अर्थशास्त्र का अध्ययन किए बिना भी लोगों को पता होना चाहिए। पर जिनके मन में ख़ुद को श्रेष्ठ और दूसरों को निम्न समझने की भावना भरी हुई है वे आसानी से, एक/दो प्रतिशत लोग टैक्स देते हैं, वाली बकवास सच मान लेते हैं। निश्चित रूप से यह उनकी भाषा नहीं होती है। उनकी तो केवल भावना होती है, ग़रीबों के ख़िलाफ़, लेकिन भाषा अथवा अभिव्यक्ति किसी और की होती है। जबकि वो अपने आप को अक्सर निष्पक्ष भी कहते हैं। समाज में 'फूट-डालो' (और राज करो) का यह एक अनोखा रूप है। वो एक-दो-प्रतिशत-लोग नाकाम सरकार की ढाल बनते हैं। वो अकसर कहते पाये जाते हैं कि एक/दो प्रतिशत लोगों के टैक्स पर चलने वाला देश बदहाल नहीं होगा तो क्या होगा? इसमें सरकार क्या कर सकती है? सरकार-भक्त-मित्रों की सरकार कभी कुछ कर ही नहीं सकती है। जो करना होता है नागरिकों को करना है इसलिए जो नाकामी होती है वह नागरिकों की होती है। इस तरह बनती है एक 'मज़बूत' सरकार।

सांप्रदायिकता में भी ऐसा ही होता है। जो नफ़रत करते हैं वह किसी न किसी की ढाल बनते हैं, अक्सर सरकारों की। आप भावना रखते हैं और भाषा कोई दूसरा आपको दे देता है। आप ख़ुद से बहस करने की ज़हमत भी नहीं करते हैं।

बहुत सारे मुसलमान थोड़े से संपन्न होते ही कथित मुस्लिम मोहल्ला छोड़ देते हैं। इसमें कोई दिक़्क़त नहीं है। जहाँ बुनियादी मानवीय सुविधाओं का घोर अभाव हो वहाँ कोई क्यों रहे? लेकिन यही सुविधा संपन्न लोग सरकारों और नगरपालिकाओं पर दबाव

डाल सकते थे उन (मुस्लिम बहुल) इलाकों के विकास के लिए। सिर्फ़ रोटी का संघर्ष करने वाले ग़रीब लोगों में विद्रोह करने का तो हौसला होता है लेकिन दृष्टि नहीं होती।

कुछ लोगों का यह भी मानना है कि मुसलमान अपना विकास नहीं करना चाहते इसलिए उनके मोहल्ले पिछड़े हुए होते हैं। आंशिक रूप से यह बात सच हो सकती है। पहली बात, मुसलामानों पर केवल जान बचाने का ही इतना दबाव होता है कि व्यवस्था उनको अगर सिर्फ़ मारे जाने से बचा ले तो वो किसी भी हाल में रहने को तैयार रहते हैं। दूसरी बात, ग़रीबों के किस मोहल्ले का विकास किसी सरकार ने किया है? क्या अनुसूचित जाति और जनजाति में आने वाली जातियों के मोहल्लों का विकास हुआ है? नहीं। ग़रीबों के मोहल्लों का कभी विकास नहीं होता। शायद दुनिया में कहीं नहीं। ऐसा मैं इसलिए कह रहा हूँ क्योंकि मैंने मुम्बई के अंधेरी पश्चिम में बने, विशेष तौर पर मुसलामानों के लिए, 'मिल्लत नगर' को देखा है। वहाँ हर वह सुविधा है जो एक नागरिक को मिलनी चाहिए, शायद इसलिए कि वह ग़रीबों का मोहल्ला नहीं है।

मंदिर और उसका पानी

पटना में एक टेकारी रोड मंदिर और दूसरा खजूर बन्ना के देवी स्थान से मेरा बचपन जुड़ा है।

देवी स्थान के मैदान में हमारे बड़े भाई लोग क्रिकेट खेलते थे तो मैं भी साथ-साथ लगा रहता था। खेलता नहीं था। जब गेंद किसी के घर में चली जाती थी तो उसको लेकर आने का काम मेरा होता था। दुर्गा पूजा में बनने वाली तमाम मूर्तियों का पहला दर्शन मैंने वहीं किया है। मूर्तियों के बनने की पूरी प्रक्रिया मैंने वहाँ देखी है। उन्हें निराकार से साकार होते देखा। लेकिन इसके पहले मेरे जीवन में टेकारी रोड मंदिर था। टेकारी रोड मंदिर में न जाने कितनी बार अखंड कीर्तन सुना है और वहाँ से हरे रामा हरे कृष्णा गाते और उछलते कूदते घर आया। उसका परिसर बहुत बड़ा था। समय-समय पर उसके परिसर में रात के समय सिनेमा भी दिखाया जाता था जिसमें हमारे परिवार और आस-पड़ोस के तमाम परिवार के लोग सिनेमा देखने जाते थे। बड़ा

ही पारिवारिक माहौल हुआ करता था। आसमान के नीचे सिनेमा देखने का मेरा पहला अनुभव वहीं हुआ। चकरी जैसी मशीन या प्रोजेक्टर भी वहीं पहली बार देखी। उसी मंदिर के परिसर में मैंने पहली बार रामलीला देखी थी। वहीं से दशहरे की झाँकी भी निकलती थी। जिसको हम सब कभी अपनी छतों से और कभी सड़क की भीड़भाड़ में जाकर देखते थे। प्रसाद में कोई भी मिठाई हो, मैं खाता ही था और पानी तो हम लोग पूरे शहर में कहीं भी पी सकते थे। सड़क का नल हो, मंदिर का नल हो या मस्जिद का नल हो। इसको कभी रेखांकित करने की ज़रूरत ही महसूस नहीं हुई। यह पानी से भरे समय का इतिहास है। उस समय मैं अपने मोहल्ले के किसी भी घर में जाकर पानी पी सकता था। यह तब की बात है जब पानी प्लास्टिक की बोतलों में नहीं बिकता था। मेरी यह तमाम स्मृतियाँ उस वक़्त बहुत काम आयीं, जब मैंने ख़बर पढ़ी कि ग़ाज़ियाबाद के एक मंदिर में एक बच्चे को पानी पीने के कारण पीटा गया। बात यहीं तक नहीं रुकी, पीटने वाले ने उसका वीडियो भी बनाया, सोशल मीडिया में जम कर फैलाया और पूरा दक्षिणपंथ उसके पीटे जाने की वकालत पर उतर आया। जबकि बड़ी संख्या में ऐसे लोग भी निकल कर सामने आए जिन्होंने इस घटना की तीखी निंदा भी की और बच्चे की मदद भी की। मदद के लिए बढ़े हर हाथ को मैं चूमना चाहता हूँ।

आसिफ़ झूठ बोल रहा है

डासना के मंदिर में पानी पीने के लिए अंदर घुसने वाला आसिफ़ झूठ बोल रहा है, ऐसा आसिफ़ की पिटाई करने वाला पक्ष बोल रहा है। यह मान कर एक बार देख लेते हैं कि आसिफ़ ने झूठ बोला : तो उसका हाथ पकड़ते और मंदिर के प्रवेश द्वार तक लेकर आते और उसे दिखाते कि मंदिर के सामने ही एक नल है तूने वहाँ से पानी क्यों नहीं पिया? या उसे दिखाते कि प्रवेश द्वार पर एक पियाऊ है उसमें से पानी क्यों नहीं पिया? ये सब कुछ तो बिना वीडियो बनाये भी हो सकता था। आख़िर वीडियो बनाने को कह कर पिटाई करने का उद्देश्य क्या था? दुनिया को यह बताना कि हम मुसलमानों को पीट सकते हैं? या मुसलमान पानी के दो नल (एक मंदिर के बाहर और

एक मंदिर के द्वार के पास ही पियाऊ) छोड़ कर चोरी से अंदर घुसते हैं पानी पीने के लिए? अगर आसिफ़ कुछ चुराने के मकसद से, जैसा कि आरोप है, मंदिर में घुसा और एक भाई ने उसे पकड़ लिया तो पकड़ कर पुलिस को सौंप देते। पुलिस कानूनी कार्रवाई करती। उसको जेल में डाल देती। अभी तो यह भी नहीं कहा जा सकता कि भाजपा सरकार की पुलिस उनकी शिकायत नहीं सुनती। तो क्या उनको पुलिस पर भरोसा नहीं है? या उनको भाजपा की योगी सरकार की पुलिस पर भरोसा नहीं है? या भाजपा की सरकार ने उनको ही यह अधिकार सौंप दिया है कि जब मन करे जिसको मन करे पिटाई करो, वीडियो बनाओ और डर फैलाओ?

मुहम्मद साहब की तौहीन

यति नरसिंहानंद ने जिस तरह हिंदू नौजवानों को ललकारा है उसी तरह जेहाद के लिए मुसलमानों को ललकारा जाता है। उनके शब्द होते हैं – क़ुर्बानी। नरसिंहानंद के शब्द हैं – बलिदान। वे कहते हैं – जो मरता है वही जन्नत जाता है। नरसिंहानंद कह रहे हैं – जो मरेगा उसे स्वर्ग मिलेगा। अगर नरसिंहानंद के कपड़े का रंग गेरुआ की जगह हरा कर दिया जाए तो कोई फ़र्क नहीं रह जाएगा। नरसिंहानंद मुहम्मद साहब की तौहीन से ज़्यादा अपनी क़ौम का सत्यानाश करने पर तुले हैं ठीक वैसे ही जैसे अल-बगदादी जैसे लोगों ने अपनी क़ौम का सत्यानाश कर दिया। ग़नीमत है कि राष्ट्रीय-अंतरराष्ट्रीय स्तर पर हिंदू इस तरह के धर्म युद्ध (अथवा जेहाद) के झाँसे में नहीं आते। उनकी सद्बुद्धि इसी तरह बरक़रार रहे, यही कामना है।

मुसलमानों को यह समझना चाहिए कि जो हिंदुस्तानी मुसलमान अल-बगदादी के भड़काने से बचे रह गये उनके लिए यति नरसिंहानंद जैसे लोग एक ख़ास फैक्ट्री में डिज़ायन किये जाते हैं। इस डिज़ायन में एक तीर से दो क़ौम निशाने पर आ जाती हैं। एक क़ौम को हमलावर (आक्रमणकारी) बनाना है और दूसरी क़ौम को हमले के इंतज़ार में डरा कर रखना है।

मेरी निजी और राजनैतिक राय है कि विषम से विषम परिस्थितियों में भी हिंसा

नहीं होनी चाहिए। अगर किसी को किसी बात पर ऐतराज़ है तो उस मुद्दे को व्यापक बहस का हिस्सा बनाएँ। जो बहस में हिस्सा नहीं ले पाते वे ही हिंसा का सहारा लेते हैं। हिंसा अपनी बात ज़बरदस्ती मनवाने का साधन है। इसलिए मैं पेरिस के शार्ली हेब्दो के कार्टून के बाद होने वाली हिंसा का पुरज़ोर विरोध करता हूँ।

इस बात को मैं मुसलमानों की ज़बान में इस तरह कहूँगा कि मुहम्मद साहब अल्लाह के पैग़म्बर हैं और अल्लाह का बंदा तो वह भी है जो इस्लाम को नहीं मानता। आख़िर अल्लाह ने ही पैदा किया है उसे। अल्लाह ने उसके लिए ही पैग़ाम भेजा था जो इस्लाम और अल्लाह को नहीं मानता था। यानी अल्लाह ने उसके लिए ही मुहम्मद साहब को पैग़म्बर बनाया जो इस्लाम और अल्लाह को नहीं मानता था। तो उन तक अल्लाह का पैग़ाम पहुँचेगा कैसे अगर मुसलमान हिंसा पर उतारू हो जाएँगे? वो, जो कथित रूप से, मुहम्मद साहब की तौहीन कर रह रहे हैं, दरअसल अपने ही पैग़म्बर की तौहीन कर रहे हैं।

हमने बचपन में पढ़ा था कि एक बुढ़िया रोज़ मुहम्मद साहब पर कचरा फेंकती थी। तब न तो मुहम्मद साहब ने और न उनके सहाबियों ने इसे मुहम्मद साहब की तौहीन मानकर कोई हिंसा दिखायी न उस बुढ़िया का सर कलम करने का फ़ैसला अथवा फ़तवा दिया। उलटे जब एक रोज़ बुढ़िया ने कचरा नहीं फेंका तो मुहम्मद साहब को फ़िक्र हुई और 'आप' उसके घर गये। पता चला कि बुढ़िया बीमार है। मुहम्मद साहब ने उसकी तीमारदारी की। बुढ़िया अच्छी हो गयी। उसके बाद क्या हुआ यह मुसलमानों को पता करना चाहिए। यहाँ बीमार, तीमारदारी और अच्छे होने के प्रतीक अर्थ को समझने की ज़रूरत है। तो कथित रूप से जो तौहीन करते हैं वो बीमार पड़ चुके हैं। उन्हें तीमारदारी की ज़रूरत है (यही सुन्नत है) न कि सर कलम करने की।

यूपी के हिंदू समाज पार्टी के नेता कमलेश तिवारी अपने विवादित बयानों के लिए जाने जाते थे। वह एक तरफ़ मुसलमानों को भारत ख़ाली करने को भी कहते थे दूसरी तरफ़ बाबा साहब आंबेडकर के विरुद्ध भी बोलते थे। उन पर मुहम्मद साहब की तौहीन का भी आरोप था। इसके बाद, ऐसी ख़बर है कि कुछ मुसलमानों ने उनकी हत्या कर दी। मुझे उन हत्यारों से कोई सहानुभूति नहीं है। मैं इस हत्या की तीव्र भर्त्सना करता हूँ।

अपनों के बीच अजनबी

हत्या व्यक्ति करे या समुदाय वह दुनिया की सहानुभूति खो देता है।

आप 'वैसे वाले' मुसलमान नहीं

पहले भी बता चुका हूँ कि अकसर लोग मुझे कहते हैं कि फ़रीद 'वैसा' मुसलमान नहीं है। कैसा मुसलमान नहीं है? जो दाढ़ी रखते हैं, जो टखने के ऊपर पजामा पहनते हैं, जिसे मज़ाक़ में बड़े भाई का कुर्ता और छोटे भाई का पजामा कहते हैं, जो टोपी पहनते हैं, जो रोज़ा नमाज़ अदा करते हैं, जो नियमित क़ुरान पढ़ते हैं, जिनकी औरतें बुर्का पहनती हैं, आदि आदि तमाम पहचान वाले मुसलमानों जैसा मुसलमान फ़रीद नहीं है। संयोग से फ़रीद की बीवी भी ऐसी मिली है जो 'वैसी' मुसलमान नहीं है (हालाँकि घर में रोज़ा और नमाज़ करती है जो पहचान की तरह दिखायी नहीं देती)। बचपन से ये बातें सुनता आया हूँ। ये सब सुनकर ख़ुशी भी होती थी। ऐसा लगता था जैसे मुझे सेकुलर होने का तमग़ा मिल रहा हो और मैं इसे सीने पर लगा कर घूमा करता था – 'आओ दुनिया वालो देखो मैं "वैसा" मुसलमान नहीं हूँ'।

ठीक है कि मैं आज भी 'वैसा' मुसलमान नहीं हूँ लेकिन अपने 'तमग़े' के लिए मैंने 'वैसे' मुसलमानों के प्रति नफ़रत फैलाने में दक्षिणपंथी विचार वालों का सहयोग ही किया है, ऐसा अब मैं मानने लगा हूँ। मेरे पास कोई तर्क नहीं है कि मैं 'वैसी' दाढ़ी क्यों नहीं रखता सिवाय इसके कि दाढ़ी रखना मुझे पसंद नहीं है। मेरे पास कोई तर्क नहीं है टखने के ऊपर पाजामा न पहनने का सिवाय इसके कि 'वैसे' पाजामा पहनना या पाजामा ही पहनना मुझे बहुत पसंद नहीं है। मेरे पास कोई तर्क नहीं है 'वैसी' टोपी न पहनने का सिवाय इसके कि मैं अपने बालों को हवा में लहराना चाहता हूँ। ऐसे में मेरा कोई हक़ नहीं बनता या किसी का भी कोई हक़ नहीं बनता कि इन तमाम पहचान वालों के प्रति नफ़रत फैलायें। इन पहचानों के साथ इस देश में गरिमापूर्ण तरीके से रहने का उनको पूरा अधिकार है।

मेरे पास बुर्का के ख़िलाफ़ कुछ तर्क हैं। मेरा मानना है कि यह औरतों के दमन का एक साधन है जो मज़हब के नाम पर उनके साथ किया जाता है। उनकी अभिव्यक्ति

की स्वतंत्रता के ख़िलाफ़ है। चेहरा दिखाना भी अभिव्यक्ति का ही हिस्सा है। इल्म हासिल करने के लिए पांचों इंद्रियों का उन्मुक्त होना ज़रूरी है जो बुर्का पहनते हुए संभव नहीं है। इन तमाम तर्कों के बावजूद मेरा कोई हक़ नहीं बनता कि मैं उनके ख़िलाफ़ नफ़रत फैलाऊँ या नफ़रत फैलाने में सहयोग करूँ।

इस संदर्भ में मुझे ओरहान पामुक का उपन्यास 'स्नो' याद आता है। उसमें एक विश्वविद्यालय का कुलपति आदेश निकालता है कि लड़कियाँ हिजाब पहन कर विश्विद्यालय परिसर में नहीं आ सकतीं। उसके बाद वहाँ बहुत बड़ा बवाल होता है। इसके चाहे जितने भी तर्क हों लेकिन यह नहीं भूलना चाहिए कि हिजाब और बुर्का व्यक्ति की पसंद (मर्ज़ी) से जुड़ी हुई चीज़ है। पसंद (मर्ज़ी) व्यक्ति का न सिर्फ़ संवैधानिक अधिकार है बल्कि सामाजिक और नैतिक अधिकार भी है। अगर मुझे इसमें कोई नुक्स लगता है तो मुझे उस पर हमला करने के बजाय एक सामाजिक अभियान चला कर लोगों को समझाना चाहिए। अगर हमारी बातों में दम होगा तो लोग हमारी बात मानेंगे। कुल मिला कर बात इतनी सी है, हालाँकि इतनी सी नहीं है, कि अगर मैं अपने पहनने और खाने-पीने के शौक पर दूसरों की कोई टिप्पणी बर्दाश्त नहीं करता तो मुझे भी किसी के पहनने और खाने-पीने पर कोई टिप्पणी नहीं करनी चाहिए। मुझे अपने व्यवहार में भी फ़ासिस्टों के एजेंडे से अलग रहना चाहिए।

अमेरिका में 9/11 के बाद जब दाढ़ी और कपड़ों से पहचान कर मारने का चलन बढ़ा था तो कई मुस्लिम नौजवानों ने बग़ावत में दाढ़ी रखना और कुर्ता-पजामा पहनना शुरू कर दिया था। मुझे नहीं पता कि भारत में बढ़ते मॉब लिंचिंग के कारण दाढ़ी और कुर्ता-पजामे का प्रदर्शन बढ़ा है या यह मात्र एक संयोग है।

तो अब मैं 'वैसा' मुसलमान भले ही नहीं हूँ लेकिन मैंने उसका तमग़ा उतार कर फेंक दिया है और नफ़रत फैलाने वालों के विरुद्ध खड़ा हूँ।

'इतने बच्चे क्यों पैदा करते हैं मुसलमान?'

मेरे कई मित्र क्रमशः 2, 4, 6 और 8 भाई बहन हैं। हम सबकी उम्र भी मोटे तौर

पर एक ही है। साल दो साल का ही अंतर है हम में। हमारे माँ-बाप की उम्र भी इसी तरह लगभग एक जैसी ही है। लेकिन सरकार-भक्त अपनी पीढ़ी के मुस्लिम मित्रों से पूछते हैं कि मुसलमान इतने बच्चे क्यों पैदा करते हैं? शुरू शुरू में मैं इन हमलों से, ख़ास कर 'शालीन' हमलों से सकपका जाता था। चूँकि यह सवाल किसी अजनबी ने नहीं पूछा होता है, मित्रों ने पूछा होता है इसलिए ज़्यादा चुभता है। अपने अंदर हीन भावना भरने लगती है कि हम न जाने किस पिछड़ी क़ौम के हैं, जो दिन-रात बच्चे ही पैदा करते रहते हैं। एक बार किसी को कहते सुना था कि बीफ़ खाने से सेक्स-पावर बढ़ता है इसलिए मुसलमान इतने बच्चे पैदा करते हैं, इसे ही देखते हुए सरकार ने बीफ़-बैन किया है।

मैंने अपने उन सरकार-भक्त-मित्रों से कहा, जो क्रमशः 2, 4, 6 और 8 भाई बहन हैं कि आप भी तो 4, 6 या 8 भाई बहन हैं? आप लोगों को देखते हुए क्या ऐसा पूछना सम्मानजनक होगा कि हिंदू इतने बच्चे क्यों पैदा करते हैं? सरकार-भक्त-मित्रों को उम्मीद नहीं थी ऐसे पलटवार की। यह बिल्कुल वैसा था कि मालिक के सामने नौकर ने ज़बान खोल दी हो।

ऐसी ही एक अनौपचारिक बातचीत (चाय पर चर्चा जैसी) किसी दूसरी जगह पर हो रही थी जहाँ मेरे मित्र नहीं थे, व्यवसायिक मित्र थे। वहाँ भी उपरोक्त बातचीत ही हो रही थी और वहाँ भी मैंने ज़बान खोली। मैंने वहाँ भी कहा कि जैसे हमारे माँ- बाप ने दो से ज़्यादा बच्चे पैदा किये वैसे ही आपके माँ-बाप ने भी तो दो से ज़्यादा बच्चे पैदा किये? तो इस तथ्य के आधार पर क्या बयान देना चाहिए? वो मेरे मित्र नहीं थे इसलिए उन्होंने बिना किसी लिहाज़ के कहा कि पुराने ज़माने में हर कोई ढेर सारे बच्चे पैदा करता था। बात तो आजकल की हो रही है। मैंने फिर से ज़बान खोली और कहा कि अगर बात आजकल की हो रही है तो 'आजकल' को एक बार गुज़र तो जाने दो तब न तुम अपनी धारणा बनाओगे? लेकिन तुमने तो 'आजकल' के बिना गुज़रे ही धारणा बना ली। आख़िर तुम्हें कैसे मालूम कि 'आजकल' कौन समुदाय कितने बच्चे पैदा कर रहा है? कोई डेटा है तुम्हारे पास 'आजकल' का? ज़ाहिर सी बात है उनको आईटी सेल ने 'आजकल' का कोई डेटा नहीं दिया था। बहरहाल, जिस पुराने ज़माने का वह हवाला दे रहा था वह पुराना ज़माना कोई और नहीं हमारे बचपन का ही

ज़माना था और मैंने अपने बचपन में भी यदा-कदा यह सुना है कि मुसलमान ज़्यादा बच्चे पैदा करते हैं। वह भी उनके मुँह से जो स्वयं लड़का पैदा करने के चक्कर में छह-सात लड़कियाँ पैदा कर चुके थे।

मैंने अनुभव किया कि मेरी पीढ़ी के मेरे वो मित्र, जो बिहार और यूपी से संबंध रखते हैं, कोई भी दो भाई बहन नहीं हैं। वो सब 4, 6 या 8 भाई बहन हैं। कुछ तीन भाई बहन भी हैं जैसे कि मैं। लेकिन हमारी ही पीढ़ी के कई ऐसे मित्रों और लोगों को मैं जानता हूं जिनका संबंध गुजरात या महाराष्ट्र से हैं, वे ज़्यादातर दो भाई-बहन हैं। उनके माँ-बाप ने परिवार नियोजन का पालन कर रखा है, जो कथित रूप से पुराने ज़माने के थे। शायद इसकी वजह यह रही होगी कि गुजरात और महाराष्ट्र में बिहार और यूपी की अपेक्षा 'अर्बन-सेंसिबिलिटी' अधिक है। जबकि यूपी बिहार की 'सेंसबिलिटी' काफ़ी हद तक 'फ़्यूडल' है। इसका संबंध हिंदू और मुसलमान से नहीं है। पिछले पैंतीस-चालीस सालों से तो हमारे वृहत-परिवार में भी किसी ने दो से अधिक बच्चे पैदा नहीं किये। कई लोगों ने तो केवल एक ही बच्चा पैदा करके संतोष कर लिया।

एक अन्य सरकार-भक्त-मित्र ने एक पार्टी में कहा कि 2050 तक मुसलमान इतने बच्चे पैदा कर लेंगे, इतने बच्चे पैदा कर लेंगे कि हिंदू 'माइनॉरिटी' में आ जाएँगे। अब इसकी व्याख्या करूँ तो समझ में आता है कि इस देश में माइनॉरिटी होना कितना दुखदायी है। अगर दुखदायी नहीं है तो माइनॉरिटी में आने की चिंता किस बात की है? अगर इस देश में माइनॉरिटी को सारे मानवीय अधिकार प्राप्त हैं तो माइनॉरिटी हो जाने का डर किस बात का? अगर माइनॉरिटी को इंसाफ़ मिलता ही है तो माइनॉरिटी बनने से दिक़्क़त क्या है? क्या माइनॉरिटी होने का मतलब डर कर रहना होता है?

तो भाई साहब ने कहा – मुसलमानों का माइनॉरिटी बनने का मतलब डर कर रहना होता है।

शब्दों की यह लड़ाई बहुत आगे बढ़ चुकी थी। न मैं हथियार डालने को तैयार था न वह।

मैंने कहा अगर मुसलमानों के माइनॉरिटी बनने से डर लगता है तो ईसाइयों के धर्मांतरण से दिक़्क़त क्यों है? ईसाई बहुल देश अमेरिका और इंग्लैंड अथवा पूरे यूरोप

का गुणगान करते आप थकते नहीं हैं। वे तमाम देश अपने देश की माइनॉरिटी का बहुत ध्यान भी रखते हैं। ऐसा आप मानते भी हैं तो फिर ईसाई धर्मांतरण से दिक़्क़त क्यों है? दूसरे शब्दों में ईसाइयों का माइनॉरिटी बनने से क्या दिक़्क़त है आपको? कभी आपने सुना है कि इंग्लैंड, अमेरिका में किसी हिंदू को हिंदू होने की वजह से मारा गया या उन्हें केवल इस वजह से कोई तकलीफ़ उठानी पड़ी हो? नहीं न? कहीं आपको ग्राहम स्टेंस और उसके बच्चे तो नहीं याद आ जाते जिसको आपके जैसे विचार वालों ने ज़िंदा जला दिया था? शायद आपको डर लगता हो कि आप उनके माइनॉरिटी बन जाएँगे तो आपके साथ भी कहीं वैसा ही न हो। वरना आपके देश में (जैसा कि आप अकसर कहते हैं) ईसाई सुख से रहते हैं और आप (तथाकथित) ईसाइयों के देश में सुख से रह सकते हैं तो कोई भी माइनॉरिटी बने और कोई भी मेजॉरिटी बने क्या फ़र्क़ पड़ता है?

नये नागरिक संशोधन क़ानून के पक्ष में सरकार द्वारा एक तर्क यह भी दिया गया है (जिसे मैं अपने शब्दों में लिख रहा हूँ) कि अफ़ग़ानिस्तान, पाकिस्तान और बांग्लादेश में चूँकि मुस्लिम बहुसंख्यक हैं इसलिए वे उत्पीड़ित नहीं हैं। जबकि अल्पसंख्यक हिंदू, सिख, ईसाई, बौद्ध, जैन, पारसी अल्पसंख्यक हैं इसलिए उत्पीड़ित हैं। अर्थात सरकार यह मान कर चल रही है कि अल्पसंख्यक तो उत्पीड़ित होता ही है। इसलिए उन जगहों से आने वाले मुसलमानों को नागरिकता नहीं देंगे, भले ही वह उत्पीड़ित हो, क्यों? क्योंकि भारत की वर्तमान सरकार की परिभाषा में बहुसंख्यक समुदाय का व्यक्ति उत्पीड़ित हो ही नहीं सकता। शायद इसी मानसिकता ने यह सहजता पैदा की है कि अगर भारत में कोई अल्पसंख्यक उत्पीड़ित है तो वह तो सामान्य सी बात है। उन्हें अफ़ग़ानिस्तान, पाकिस्तान और बांग्लादेश के अल्पसंख्यकों की तरह किसी दूसरे देश का रास्ता देखना चाहिए।

आज़ादी के समय अल्पसंख्यक होने का डर ही जिन्ना की मुस्लिम लीग और उसके समर्थकों को था। इस डर ने ही एक बार देश को तोड़ा है, अब दूसरी बार तोड़ने की तैयारी हो रही है।

कोरोना की दूसरी लहर के दौरान जब मैं यह सब लिख रहा हूँ तो एक ख़बर भी पढ़ रहा हूँ कि इस आपदा में भी विश्व हिंदू परिषद् को ईसाइयों का धर्मांतरण दिखायी

दे रहा है। आख़िर सरकार की नाकामी की सज़ा जनता को पूर्व-नियोजित नफ़रत में डुबकी लगा कर तो लेनी ही पड़ेगी।

बहरहाल, वापस मुद्दे पर आते हैं। तो मैंने सरकार-भक्त-मित्र का डर दूर करते हुए कहा कि आप जो सोच रहे हैं वह संभव नहीं है। आज से लेकर 2050 तक क्या हिंदू समुदाय बच्चा पैदा करना बंद कर देगा? सिर्फ़ मुसलमान ही बच्चा पैदा करेगा? आख़िर किस रफ़्तार से मुसलमान बच्चा पैदा करेगा कि 14 प्रतिशत आबादी वाला मुसलमान 2050 तक आबादी का कम से कम पचास प्रतिशत से ज़्यादा हो जाएगा?

भक्त-मित्र ने मुझे 'करेक्ट' किया, 14 प्रतिशत नहीं मुसलमान 20 प्रतिशत हैं अभी। मुझे हँसी आ गयी। हालाँकि अभी तक नयी जनगणना नहीं हुई है लेकिन आज के दौर में आईटी सेल की बात को ही सच मानने में भलाई है।

तो मैंने फिर से पूछा कि बीस प्रतिशत मुसलमान 2050 तक कैसे अपनी आबादी पचास प्रतिशत तक बढ़ा लेंगे?

भक्त-मित्र ने कहा – पूरी आबादी का दस प्रतिशत प्रति दशक की दर से। तो मैंने फिर पूछा कि इस हिसाब से तो आज़ादी के बाद इन सत्तर सालों में मुसलमानों की आबादी सत्तर प्रतिशत से ज़्यादा हो जानी चाहिए थी? इस बार सकपकाने की बारी उनकी थी। उनके पास कोई जवाब नहीं था क्योंकि उनके आईटी सेल ने इसका जवाब बताया ही नहीं है।

उपरोक्त कई तर्क मैंने अपने मित्रों को दिये और कई तर्क अकेले में ख़ुद से बात करने के दौरान ख़ुद को ही दिये। उन सबको मिला कर मैंने इन तमाम बहस-मुबाहिसों को लिखा है।

हम पाँच हमारे पचीस

बाबरी मस्जिद ध्वस्त किये जाने के लिए जो आंदोलन चलाये जा रहे थे उसमें उस ज़माने में जगह-जगह ऑडियो कैसेट बजते थे। पटना में जब रात के समय बिजली गुल हो जाती थी, जो कि रोज़ का ही नियम था, तो लोग दस-पंद्रह की भीड़ में मोहल्ले

के किसी कोने में ऐसे कैसेट चला कर सुनते थे जिसमें मुसलमानों से नफ़रत के लिए उकसाया जाता था। उनमें से ही किसी एक कैसेट में 'हम-पाँच-हमारे-पचीस' के बारे में बताया जाता था कि मुसलमान चार शादियाँ करता है और पचीस बच्चे पैदा करता है इसलिए वह अपनी जनसंख्या बढ़ा रहा है।

उस वक़्त न तो मैं किसी तरह की प्रतिक्रिया देने की हैसियत में था न मेरे आसपास के किसी व्यक्ति ने इस पर कोई प्रतिक्रिया दी।

आज अगर माहौल थोड़ा सा भी ठीक होता तो इस पर चुटकुला बनाया जा सकता था। आप हिसाब लगाइए कि मुसलमानों की जनसंख्या अभी कितनी है? चौदह करोड़? अट्ठारह करोड़? ठीक है बीस करोड़ रख लीजिए। कोई बीस प्रतिशत कहता है और कोई बीस करोड़, सबके मनोरंजन का अपना अपना आँकड़ा है। जब सब कुछ हवा में ही है तो हवा में ये आँकड़े भी सही। फ़िलहाल गणित की तरह मान लेते है कि बीस करोड़। अब इस बीस करोड़ में कम से कम दस करोड़ तो पुरुष होंगे? (जबकि भारत में मुसलमानों का लिंगानुपात 1000 पुरुषों पर 952 स्त्रियाँ हैं।) तो दस करोड़ पुरुष अगर चार-चार शादी करते हैं तो महिलाओं की तादाद हुई चालीस करोड़? मैं कुछ ग़लत हिसाब तो नहीं लगा रहा हूँ? चालीस करोड़ महिला और दस करोड़ पुरुष मिला कर हुए पचास करोड़ और उन पचास करोड़ लोगों के पचीस-पचीस बच्चे। सोचिए, कितने हुए? मैं तो इसका हिसाब नहीं लगा सकता। मेरा गणित बहुत कमज़ोर है।

दूर देश की कथा और धर्मांतरण

पटना इप्टा के कुछ चर्चित नाटकों में से एक है 'दूर देश की कथा'। इसे देखते हुए और बाद में इसमें रोल करते हुए मैं बड़ा हुआ। इसका नाम लेने और अपनी भागीदारी बताने का निहितार्थ समझने में कोई दिक़्क़त नहीं होनी चाहिए। बहरहाल, इसमें एक लंबा प्रकरण है धर्मांतरण पर। इसमें एक ग़रीब आदमी को उसके दुःख से निजात दिलाने के लिए अलग-अलग धर्म के लोग संपर्क करते हैं। वह ग़रीब आदमी उन सबके

झाँसे में आ जाता है और अपना धर्म बदलना शुरू कर देता है। इस तरह वह एक-एक करके चार धर्म बदलता है लेकिन उसके दुःख का निवारण नहीं होता और वह मर जाता है। हमारी पूरी संस्था इस बात पर एकमत थी कि धर्म बदलना निहायत ही निरर्थक और अप्रासंगिक है। मतलब उससे रोटी कपड़ा और मकान की समस्या हल नहीं होती। लेकिन इसके साथ ही हम यह भी मानते हैं और हमारा संविधान यह अधिकार देता है कि एक व्यक्ति कोई भी धर्म स्वीकार कर सकता है या मान सकता है। इसलिए हम धर्मांतरण के नाम पर ईसाइयों पर किये जाने वाले हमले का विरोध भी करते हैं और भर्त्सना भी करते हैं। मोटे तौर यही मिज़ाज पूरे बिहार का है, ऐसा मुझे लगता है।

मुसलमानों के अंतर्विरोध

10 मई 2016 को बीबीसी हिन्दी डॉट कॉम पर सौतिक बिस्वास का एक लेख प्रकाशित हुआ था जिसका शीर्षक था 'दलित मुसलमानों के घर न जाते हैं न खाते हैं'। इस लेख को मैंने कई बार फ़ेसबुक पर शेयर किया है और हर साल उस तारीख़ को फ़ेसबुक याद दिला देता है कि आपने पिछले साल यह शेयर किया था। मैं फिर से शेयर कर देता हूँ तो इस बार भी कर दिया। उस पर एक नौजवान मुसलमान ने, जो निश्चित रूप से उच्च जाति का रहा होगा, बड़ी तीखी और अपमानजनक शब्दों में प्रतिक्रिया दी। पहले तो वह यह मानने के लिए तैयार ही नहीं था कि मुसलामानों में दलित भी होते हैं। फिर वह मान गया कि दलित तो नहीं लेकिन मुसलमानों में पिछड़ा वर्ग होता है। फिर उसने माना कि हाँ, हिंदू दलित जो कनवर्ट हुए हैं आप शायद उनकी बात कर रहे हैं। मैंने काउंटर किया, इस दुनिया में सभी मुसलमान कनवर्ट हुए हैं, कोई आसमान से सीधे टपका नहीं है। फिर वह दलितों के लिए नीच, जाहिल, मुँह लगाने के लायक नहीं है, ऐसे लोगों से कौन मेलजोल रखेगा? ये लोग तो हैं ही . . . आदि आदि।

मैंने अकसर देखा है कि जातिगत भेदभाव के लिए हिंदुओं की तो सर्वसम्मत आलोचना होती है। क्योंकि मनुस्मृति में सब कुछ लिखित है, ऐसा कई आलेखों में

पढ़ा है। लेकिन दूसरे तमाम समुदायों में लिखित तो कुछ भी नहीं है पर अलिखित सब कुछ है।

मुसलमानों को इस बात का दंभ हमेशा रहता है कि उनके यहाँ जाति व्यवस्था नहीं है। उनके मज़हब में बराबरी की बात है। यह ठीक भी है। मज़हब की किताब में बराबरी की बात तो है लेकिन मज़हब मानता कौन है? बराबरी की ताल ठोंकने वाली क़ौम मस्जिदों में भी छुआछूत बरतती है।

मज़ाक उड़ाते हुए किसी को 'जुलाहा' कहने में हमारी ज़बान में कोई हिचक नहीं होती। 'चोरी-चमारी' तो हमारी भाषा का अभिन्न अंग है। किसी भी समाज को जातिगत भेदभाव कमज़ोर करता है इसलिए उन्हें एकजुट करने के लिए अकसर राजनेता सांप्रदायिकता का सहारा लेते हैं। बिखरे हुए समुदाय की एकजुटता का हथियार जब सांप्रदायिकता होता है तो वह वोट बैंक में तब्दील हो जाता है। आजकल हिंदुओं को भी वोट बैंक बनाने की निरंतर कोशिश हो रही है।

आप देखिए कि इसकी सबसे पहली कोशिश राजीव गांधी के कार्यकाल में हुई। मुझे समझ में नहीं आता कि अगर शाह बानो केस में सुप्रीम कोर्ट के फ़ैसले को मान लिया जाता तो इस्लाम या मुसलमानों का क्या बिगड़ जाता? बल्कि वह केस तो हमारी माँ, बहन, बहू, बेटी के लिए एक नज़ीर बन सकता था। आज जब मुसलमानों की नागरिकता पर हमले की तैयारी हो रही है तब वही माँ, बहन, बहू, बेटी उसके प्रतिरोध का स्वर बन कर खड़ी हैं।

आज इस बात की तरफ़ ध्यान इसलिए जाता है कि आज हम जिस 'मोदी के कार्यकाल में मुसलमानों की मनःस्थिति' पर विमर्श कर रहे हैं, उसकी जड़ वहाँ है। मुसलमानों के पास जो समय था अपने अंतर्विरोधों को ख़त्म करने का, उस समय वह सुप्रीम कोर्ट के फ़ैसले को संसद में पलटने में लगा था। जो समय था क़ौम के अंदर 'बराबरी' को अमली जामा पहनाने का उस समय उसने वोट बैंक बन कर ख़ुद को उन लोगों के सामने परोस दिया जो मुसलमानों की भलाई के नाम पर शाही इमाम का भला कर रहे थे। शाही इमाम के अधिकारों को ही मुसलमानों का अधिकार समझाया गया। उसने अपना सांप्रदायिक इस्तेमाल होने दिया। मुसलमानों के नेताओं

ने जहालत का आत्मबल पैदा किया क़ौम के अंदर जिसने मुसलमानों के वास्तविक आत्मबल को खोखला कर दिया है।

यूपीएससी जेहाद

आपने कई तरह के जेहाद सुने होंगे लेकिन सांप्रदायिक सत्ता के काल में जितने जेहादों का आविष्कार किया गया है उतना तो उस अल्लाह ने भी नहीं सोचा होगा जिसके नाम पर जेहाद होता आया है। तो लव-जेहाद, कोरोना-जेहाद के बाद मार्केट में नया नया आया है यूपीएससी जेहाद। मुझे पूरा यक़ीन है कि आने वाले दिनों में इस देश का दक्षिणपंथ ज़रूर इसके लिए क़ुरान और हदीस से कोई उद्धरण भी निकाल कर लाएगा। उनकी मेहनत का कोई तोड़ नहीं है। अठारह-अठारह घंटे आख़िर किसके लिए मेहनत की जाती है?

आपको एक ऐसे बंदे की बात बताता हूँ जो सुदर्शन चैनल का एंकर है। सांप्रदायिक एंकर है निश्चित रूप से। जिसने यूपीएससी जेहाद का आविष्कार किया है। उस पर जब सुप्रीम कोर्ट का फ़ैसला आया कि उसका कार्यक्रम नहीं दिखाया जाना चाहिए, उससे उन्माद फैलेगा, तब मुझे इसके बारे में पता चला। इसलिए मैंने वह कार्यक्रम नहीं देखा। लेकिन मैंने 23 सितंबर 2020 के लल्लन टॉप डॉट कॉम के 'पड़ताल' के तहत लिखे गये आलेख को पढ़ा और इस नतीजे पर पहुँचा कि सुदर्शन चैनल ने मुसलमानों के ख़िलाफ़ सिर्फ़ बोला ही नहीं बल्कि समाज में ज़हर घोलने का काम भी किया है। इसकी जितनी भी भर्त्सना की जाए कम है। ज़हर घोलने वाले इस व्यक्ति के बजाय भाजपा की सरकार उन लोगों को यूएपीए के तहत जेल में डाल देती है जो उसकी नाकामी को उजागर करते हैं। आप ध्यान से सुदर्शन चैनल की कारस्तानी को देखें तो यह भी पाएँगे कि वह सिविल सेवा में आरक्षण प्राप्त करने वाले एससी, एसटी और ओबीसी कैटिगरी को हिंदुओं की कैटिगरी मानता ही नहीं। साथ ही यह भी समझ में आता है कि उसने ओबीसी के आरक्षण प्रतिशत को मुसलमानों का

प्रतिशत बता कर नफ़रत फैलाने की कोशिश की है। ताकि आम हिंदुओं में यह भ्रम फैले कि मुसलमान उनके रोज़गार छीन रहे हैं। जबकि यूपीएसी में धर्म के आधार पर नहीं बल्कि जाति के आधार पर आरक्षण मिलता है, यह यूपीएसी द्वारा निकाले गये नोटिफ़िकेशन से स्पष्ट है।

इस हास्यास्पद, विद्रूप और क्रूर सांप्रदायिकता का थोड़ा सा मखौल तो उड़ा ही सकते हैं।

मखौल : मुझे यक़ीन है कि सुदर्शन चैनल वाले को पुरातत्व की खुदाई में एक शिलालेख मिला होगा जो इस बात की तस्दीक करता होगा कि क़ुरान या हदीस में यूपीएससी जेहाद के बारे में लिखा है कि 'ऐ भारत के मुसलमानों, भारत में सिविल सेवा में नौकरी करो।' यह पढ़ते ही मुसलमान आईएएस और आईपीएस बनने के लिए दौड़ पड़े। फिर कह रहा हूँ उसे शिलालेख मिला होगा। बिना किसी शिलालेख के वह जेहाद कैसे साबित कर पाया होगा? माफ़ कीजिएगा, मुसलमान शिलालेख नहीं 'संगे-तहरीर' लिखते होंगे। कोई इस बात को गंभीरता से न ले ले इसलिए फिर कह रहा हूँ कि मैं मखौल उड़ा रहा हूँ उसका जिसने यूपीएससी जेहाद का आविष्कार किया है।

अगर ऐसे ही चलता रहा तो वह दिन दूर नहीं जब टहलना जेहाद, घूमना जेहाद, हँसना जेहाद, रोना जेहाद, स्कूटर जेहाद, वडा पाव जेहाद, लिट्टी चोखा जेहाद, मसाला डोसा जेहाद, अल्फ़ान्सो जेहाद, मालदा जेहाद, लैपटॉप जेहाद, मोबाइल जेहाद, हेड फ़ोन जेहाद, आदि आदि विभिन्न प्रकार के जेहाद का आविष्कार हो जाएगा। यकीन मानिए उतनी तो हम कल्पना भी नहीं कर पाएँगे जितने जेहाद आने वाले दिनों में हो जाएंगे। लोग रेस्टोरेंट में जाकर कहेंगे कि एक प्लेट इडली जेहाद देना। तो वेटर कहेगा वह तो शाम को ही ख़त्म हो जाता है साब। बहुत डिमांड है उसका। आप ढोकला जेहाद ले लीजिए थोड़ा सा बचा है। बिरयानी जेहाद ऑर्डर करने वाला कहेगा कि मिर्च थोड़ा कम रखना। हर जगह मेनू कार्ड में क़ुरान और हदीस के उद्धरण छपे होंगे। ताकि कोई यह न कह पाए कि इस्लाम में तो बर्गर जेहाद है ही नहीं। जो इंकार करे उसके मुँह पर दे मारो मेनू कार्ड कि देख क़ुरान में यह लिखा है बर्गर के बारे में और हदीस में इधर लिखा है पास्ता जेहाद के बारे में। फिर आप ये

सब देख कर एकदम सकपका जाओगे कि अरे हमें तो अपने मज़हब के बारे में पता ही नहीं है। ऐसा करो, पहले पानी जेहाद (पानी पीते हैं) करते हैं फिर ऑर्डर जेहाद करेंगे। आख़िर थूक जेहाद भी आ ही गया।

चिंता की बात है कि लोग इन बातों को गंभीरता से लेते हैं। मतलब नुक्कड़ नाटकों में जिन अतिरंजित प्रतीक और बिम्बों का इस्तेमाल किया जाता था या है उसे लोग गंभीरता से लेने लगे हैं। इन सबका मकसद क्या है?

बीफ़ बैन के बाद चमड़े के उद्योग पर जो असर पड़ा उसका सीधा असर मुसलमानों के रोज़गार पर पड़ा है, ग़रीब मुसलमान और ग़रीब हुआ है। अब जब कोई मुसलमान सिविल सर्विसेज़ में कामयाब हो रहा है तो उसको किसी साज़िश का हिस्सा बता कर नफ़रत फैलाया जा रहा है जो अंततः उसके रोज़गार पर ही असर डालेगा। तो कुल मिला कर ये फ़ासिस्ट केवल नफ़रत और सांप्रदायिक ध्रुवीकरण तक ही नहीं रुके हुए हैं इन्हें मुसलमानों को भूखे भी मारना है।

वह कौन है?

मेरे फ़ेसबुक पर एक बंदा है जो दिन-रात मेरी गतिविधियों पर नज़र रखता है। वह मेरी मित्रता सूची में भी नहीं है पर जैसे ही मैं कोई पोस्ट करता हूँ वह फ़ौरन लाइक – कमेंट करके अपनी उपस्थिति दर्ज करवा देता है। जैसे कि मेरी किसी भी पोस्ट पर उसके मोबाइल में घंटी बजती होगी 'टुन्न' और वह बेचारा अपनी नींद तोड़ कर हड़बड़ा कर उठता होगा कि कहीं अपने कर्त्तव्य से भटक न जाए। मैंने अनुभव किया है कि जब-जब मैं ऐसी कोई पोस्ट लगाता हूँ जिसमें हिंदू–मुस्लिम एकता या सद्भाव की बात हो वह टिप्पणी ज़रूर करता है और टिप्पणी भी ऐसी कि सीधे क़ुरान और हदीस से उद्धरण लेकर, जिसका उस पोस्ट से कोई संबंध नहीं होता। वह हिंदू-मुस्लिम एकता वाली पोस्ट पर आकर बरसाती मेंढक की तरह उछलने लगता है। उससे कई बार पूछा कि इसका मेरी पोस्ट से क्या संबंध है तो वह पाकिस्तान, जॉर्डन, इजराल, फ़िलिस्तीन, ब्राज़ील, मलेशिया आदि की बात करने लगता है। मैंने न तो कुरआन

पढ़ी है न हदीस। दूसरे देशों के बारे में मेरी जानकारी नहीं के बराबर है। मैं कभी न तो इस्लाम की बात करता हूँ न हिंदू धर्म की। मुझसे गीता और क़ुरान के उद्धरण के साथ बात करना ही बेकार है। मैं कभी किसी धर्म और समुदाय को टार्गेट नहीं करता जैसा अमूमन भाजपा या सरकार के भक्त किया करते हैं। वह यह बात अच्छे से जानता है। लेकिन उसका मकसद होता है मुझ में झुँझलाहट पैदा करना और इस्लाम के नाम पर ज़लील करना। ज़लील तो मैं होता ही नहीं लेकिन झुँझलाहट पैदा करने में वह कामयाब हो ही जाता है। उसकी ट्रेनिंग ही हुई है इस्लाम का विरोध और व्यर्थ अप्रासंगिक बात करने के लिए। आप आम बोलो तो वह निश्चित ही इमली बोलेगा और इतनी लगन के साथ ऐसा करता है मानो वह इसकी तनख़्वाह पाता हो। मानो घर चलाने के लिए वह यह न करे तो क्या करे। मेरा यह भी अनुभव रहा है कि आज की तारीख़ में मुसलमानों से ज़्यादा इस्लाम विरोधी ही क़ुरान और हदीस पढ़ते हैं। कहीं ऐसा न हो कि वो जन्नत में चलें जाएँ और मुसलमान दरवाज़े पर ही खड़े रह जाएँ।

एक पोस्ट है जिसका सारांश है कि मेरठ के पुजारी की शव यात्रा में कुछ मुसलमान लड़के कंधा दे रहे हैं। इस पर 'वह' दिन रात नज़र रखने वाला बंदा आ गया और उसने कहा कि आप क़ुरान, हदीस, सीरत और फ़िक़्ह के बारे में कुछ नहीं बोलते। पाकिस्तान में हिंदुओं को सताया जाता है। मोमिन का ईमान क्या अलग-अलग जगह पर अलग-अलग होता है आदि आदि। इसके पहले कि आप सोचें कि यह कैसे लोग हैं, मैं यह भी बता दूँ कि उनकी एक भी पोस्ट पाकिस्तान में सताये जा रहे हिंदुओं के पक्ष में नहीं होती। एक शब्द भी उनके पक्ष में नहीं बोलते ऐसे लोग। लेकिन इनको उस वक़्त ज़रूर पाकिस्तान के सताये हुए हिंदू याद आते हैं जब (मेरी पोस्ट में) कोई हिंदू परिवार किसी मुस्लिम लड़की की शादी करवा देता है। कोई मुसलमान किसी हिंदू की शव यात्रा में कंधा देता है। मज़े की बात है कि यह बंदा ऐसा दक्षिणपंथी मुस्लिम विरोधी है जिसे मेरे सरकार विरोध से कोई दिक़्क़त नहीं है। वह सरकार का भक्त नहीं है शायद वरना मेरी हर पोस्ट पर वह जान से मारने की धमकी ज़रूर देता। उसे बस हिंदू-मुसलमान एकता की बातों से दिक़्क़त है। शायद हर किसी का विभाग अलग-अलग होता होगा। आख़िर दूसरे विभाग के काम में वह क्यों दख़ल दे।

फ़रीद ख़ाँ

'हम काग़ज़ नहीं दिखाएँगे'

'हम काग़ज़ नहीं दिखाएंगे।' मतलब हद है। पहले देशभक्ति साबित करो। फिर नागरिकता साबित करो। हमारे सरकार-भक्त-मित्र तपाक से बोले,

क्यों नहीं दिखाएँगे? डर किस बात का है?

भई, जो चीज़ आपके लिए अपमानजनक न हो वह हमारे लिए भी अपमानजनक न हो, यह ज़रूरी तो नहीं। यह मैंने कहा। जिस सरकार को आप वोट देकर चुनते हैं वह कह रही है कि आप नागरिक नहीं हैं इस देश के। साबित करो अपनी नागरिकता।

तो मित्र कहते हैं – यह आपने ख़ुद ही कैसे मान लिया कि सरकार नागरिक नहीं मान रही है?

नहीं, हमने ख़ुद ही नहीं माना है। आप ख़ुद देखिए, अगर हमें अपनी नागरिकता साबित करनी है तो इसका मतलब है कि जब तक साबित न हो जाए हम नागरिक नहीं हैं।

ताल ठोकने के अंदाज़ में उन्होंने कहा – ठीक बात है।

तो मैंने कहा कि जब नागरिक नहीं हैं तो वोट कैसे दिया? क्या जो नागरिक नहीं है, भारत के क़ानून के अनुसार, वह वोट दे सकता है? नहीं न? तो क्या इसका मतलब यह हुआ कि यह सरकार नागरिकों के वोट से नहीं बनी है? फिर तो सरकार ही अवैध हुई।

सरकार-भक्त-मित्र को बात समझ में नहीं आयी। इधर-उधर आँखें नचाने के बाद अचानक भड़क गये। सरकार कैसे अवैध हुई? आप जनता के द्वारा चुनी हुई सरकार को ऐसे कैसे अवैध कह सकते हैं?

तो मैंने पूछा कि किसने चुना? देश के नागरिकों ने? तो फिर साबित हुआ न कि जो वोट दे रहा है वह देश का नागरिक है? फिर देश का नागरिक क्यों अपनी नागरिकता साबित करे?

मित्र और ज़्यादा ऊँची आवाज़ करके बोले – अरे भाई, सबको नहीं साबित करना है, केवल मुसलमानों को करना है।

तो असल बात यही है?

झुँझला कर ढीठ की तरह उन्होंने कहा – हाँ, असल बात यही है।

तो हमारे सरकार-भक्त-मित्र का सांप्रदायिक सुख इसी में है कि मुसलमानों को करनी है साबित अपनी नागरिकता। पर मित्र यह भूल गये कि गेहूँ के साथ घुन को पिसना होता है। असम में एनआरसी से न जाने कितने लोग बाहर हो गये जिनमें हिंदू–मुसलमान सब थे। अंधेर नगरी एक प्रकार का लॉटरी सिस्टम होता है माने गाज किस पर गिरेगी यह तो गिरने वाली गाज ही बताएगी।

एक अलग बैठक में हमारे एक दूसरे सरकार-भक्त-मित्र ने बताया कि (नागरिकता क़ानून से) कुछ नहीं होगा। यह क़ानून कुछ नहीं है। कोई कहीं नहीं जा रहा है। सब यहीं मेल-जोल के साथ रहेंगे। हिंदू-मुस्लिम भाई भाई हैं।

भाई, जब कुछ होगा ही नहीं, यह क़ानून कुछ है ही नहीं, तो फिर यह क़ानून बनाया ही क्यों? क्या हमारी सरकार ऐंवे ही क़ानून बनाती है? और फिर जब इस क़ानून का कुछ होना ही नहीं है तो हम काग़ज़ क्यों दिखाएँ?

मुसलमानों को अपनी नागरिकता साबित करनी है केवल इस बात का सुख लेने के लिए सरकार-भक्त-मित्र अपना भी काग़ज़ दिखाने को तैयार हैं। लंबी-लंबी कतारों में लगने को तैयार हैं जैसे नोटबंदी के समय कतारें लगा रहे थे और धूप में तिल-तिल कर मर रहे थे। क्यों? क्योंकि वो इस बात का सुख ले रहे थे कि काला-धन रखने वाले आज कतार में लगे हैं और ख़ुद कतार में पूरी कर्मठता से लगे रहे। सरकार-भक्त-मित्र आज तक समझ ही नहीं पाए कि उसका मकसद न काला धन बाहर निकालना था न आतंकवाद की कमर तोड़ना। अगर ऐसा होता तो मोदी जी हर चुनावी रैली में इसका राग अलापते हुए धान बो देते। लेकिन उन्होंने तो इस मुद्दे पर चुप्पी ही साध ली है। लगभग सारा नोट रिज़र्व बैंक में वापस आ गया। फिर तो देश से काला धन ख़त्म हो गया? आप मानते हैं न यह बात? आतंकवाद ख़त्म हो गया, अब तो आपको मानना ही पड़ेगा। आप मानने के लिए तैयार हैं न कि आतंकवाद पाँच सौ और हज़ार के नोटों पर निर्भर था?

मखौल : आतंकवादी तब से परेशान हैं कि पाँच सौ और हज़ार के नोट बंद हो गये अब कैसे करें आतंकवाद? भारत की सरकार ने दो हज़ार के नोट निकाल कर हमारी कमर तोड़ दी। ऐसा आतंकवादी सोच रहे होंगे।

अकसर इन बातों से लोग चुप तो हो जाते हैं लेकिन मानने को तैयार नहीं होते क्योंकि बोलने वाला फ़रीद ख़ाँ है।

चलिए ठीक है, तो अगर ये बातें सच नहीं हैं तो क्या आप यह मान रहे हैं कि प्रधानमंत्री में दृष्टि का अभाव है?

सावधान सरकार-भक्त फ़ौरन कहता है – नहीं नहीं, बिल्कुल नहीं। मोदी जी ही देश को आगे लेकर जाएँगे।

मैंने शब्दों में तो कहा नहीं पर मैं अलग-अलग तरीकों से उनको बताने की कोशिश कर रहा था कि ज़रा देख कर चलिएगा, 'आगे' खाई भी हो सकती है, काहे कि देश के साथ आप भी तो 'आगे' जाएँगे। वह तो फ़कीर हैं, देश को 'आगे' करके ख़ुद झोला उठा कर चल देंगे।

बहरहाल, अगर मुसलमानों पर निशाना साधने के लिए सीएए और एनआरसी लाया गया है तो मुसलमान भी कमर कसे हुए हैं कि हम काग़ज़ नहीं दिखाएँगे। हमारे एक रिश्तेदार अक्सर मोदी सरकार की तारीफ़ किया करते थे। उनका सिद्धांत था कि वक़्त के साथ चलो। वह मोदी का समर्थन 'वक़्त के साथ चलने' के लिए कर रहे थे लेकिन जैसे ही सीएए और एनआरसी सामने आए, उन्हें समझ में आ गया कि वह तो 'वक़्त' के साथ चल रहे हैं लेकिन 'वक़्त' उनके साथ नहीं चल रहा है। संविधान हमें गरिमापूर्ण तरीके से रहने की आज़ादी देता है, अपमानजनक तरीके से नहीं। आख़िर नागरिक होने का अर्थ ही क्या है?

सीएए और एनआरसी के ख़िलाफ़ ग़ैर-मुस्लिम समुदाय के लोग भी भरपूर संख्या में हैं और उन्होंने सक्रिय आंदोलन भी किया है। मशहूर लेखक और गीतकार वरुण ग्रोवर ने तो गाना ही लिख दिया – 'हम काग़ज़ नहीं दिखाएँगे', जो बाद में सीएए और एनआरसी के विरोध को व्यक्त करने वाला नारा बन गया। लेकिन हम चूँकि अभी मुसलमानों की बात कर रहे हैं इसलिए मैं कहना चाहूँगा कि शाहीनबाग़ आंदोलन से इस देश का हर मुसलमान अपने को जुड़ा हुआ महसूस करता है। ऐसा मेरा अनुमान है। मैं भी शाहीनबाग़ आंदोलन से अपने को जुड़ा हुआ मानता हूँ जबकि मैं वहाँ मौजूद नहीं था। इस आंदोलन की सबसे ख़ास बात यह रही है कि इसे मुस्लिम महिलाओं ने और विशेष कर वृद्ध महिलाओं ने नेतृत्व दिया। यह वजूद की लड़ाई है।

वैचारिक तौर पर और कोरोना के कारण बदले हुए हालात में अलग-अलग रूपों में यह अहिंसात्मक-सत्याग्रह जारी रहेगा।

सीएए (2019) के बिना 18 शरणार्थियों को नागरिकता

18 दिसंबर 2020 को पाकिस्तान से आये 18 हिंदू शरणार्थियों को भारतीय नागरिक का दर्जा दिया गया। समाचार एजेंसी एएनआई के मुताबिक जयपुर प्रशासन की तरफ से नागरिकता कानून, 1955 के प्रावधानों के तहत जयपुर जिला मजिस्ट्रेट ने भारतीय नागरिकता का इन्हें सार्टिफिकेट दे दिया है।

यह ख़बर 18 दिसंबर 2020 के एबीपी न्यूज़ की वेब साइट या एएनआई के ट्विटर हैंडल पर देखी जा सकती है।

तो सवाल उठता है कि जब 1955 के नागरिक क़ानून के तहत नागरिकता दी जा सकती है तो उसमें 'संशोधन' क्या और क्यों किया गया? उत्पात मचाने के लिए? सांप्रदायिक ध्रुवीकरण करने के लिए?

दूसरी ख़बर देखिएः 29 मई 2021 की एक ख़बर के मुताबिक़ सीएए (2019) के नियम अभी तक तैयार नहीं हैं। इसलिए भारत सरकार ने अर्थात मोदी की सरकार ने अर्थात उस सरकार ने, जो नागरिकता संशोधन क़ानून 2019 लेकर आयी, नागरिकता क़ानून 1955 और नागरिकता नियम 2009 के तहत गुजरात, राजस्थान, पंजाब, हरियाणा और छत्तीसगढ़ के 13 ज़िलों में पाकिस्तान, बांग्लादेश और अफ़ग़ानिस्तान से आये हिंदु, सिख, बौद्ध, जैन, पारसी और ईसाई समुदाय के लोगों से नागरिकता के लिए आवेदन मँगवाये हैं। यह ख़बर 29 मई 2021 के इंडियन एक्सप्रेस और जनसत्ता में देखी जा सकती है।

तो मैं अपना सवाल फिर से दोहराता हूँ कि जब 1955 के नागरिक क़ानून के तहत नागरिकता दी जा सकती है तो उसमें 'संशोधन' क्या और क्यों किया गया? उत्पात मचाने के लिए? सांप्रदायिक ध्रुवीकरण करने के लिए? या यह संकेत देने के लिए कि अब यह सरकार कोई भी क़ानून बदल सकती है या बना सकती है?

मुसलमानों को डराने के लिए? या सरकार-भक्तों को यह सुख देने के लिए कि देखो हमने मुसलमानों पर गाज गिरा दी? आख़िर मंशा क्या है? कुछ तो बात है जिसकी पर्दादारी है।

'मेरा नाम रानी है'

असम की एनआरसी मुहिम में असम की एक पूर्व महिला मुख्यमंत्री का नाम नागरिकता से हटा दिया गया सिर्फ़ इसलिए कि वह मुसलमान थीं। जिनके पास न सिर्फ़ काग़ज़ है बल्कि असम के राजनैतिक इतिहास में उनका नाम भी दर्ज है। विधान सभा के अभिलेखागार में ही उनका नाम देखा जा सकता था। उनके हस्ताक्षर से बहुत सारे आदेश जारी हुए होंगे। आते-जाते उन्हें सैल्यूट किया जाता होगा। शायद उन्होंने 15 अगस्त को झंडे भी फहराये होंगे। उन्होंने काग़ज़ भी दिखाये होंगे। जब उनका नाम एनआरसी से निकाला जा सकता है तो उसका क्या होगा जिसे दो जून की रोटी के लिए दस जून की मेहनत करनी पड़ती है, जिसे दवाइयों के लिए सरकारी अस्पतालों में लंबी कतार में लगना पड़ता है, जिसे केवल ज़िंदा रहने के लिए अपनी पढ़ाई छोड़ देनी पड़ती है, गाँव में जिसके काग़ज़ साहूकार के यहाँ गिरवी रखे हुए हैं, जो मिड-डे मील के सहारे बच्चों को पालता और मनरेगा योजना की आस में दिन काटता है, जीवन में संघर्ष करते-करते जिसके हौसले इतने पस्त हो चुके हैं कि सिर्फ़ ट्रैफ़िक पुलिस के सीटी मारने से ही सहम जाता है? उसके लिए ऐसी नागरिकता का मतलब ही क्या है? क्या उसके लिए हालात बदलने वाले हैं? अगर हाँ तो पहले बताया जाए कि उसके हालात में क्या बदलाव आने वाले हैं?

भाजपा की सरकार ने सीएए और एनआरसी को लेकर एक सांप्रदायिक आख्यान निर्मित किया जिसका फ़ायदा इस मुद्दे पर सांप्रदायिक ध्रुवीकरण के रूप में देखा जा सकता है। आने वाले हर चुनाव में भाजपा ने इसका भरपूर लाभ उठाने की कोशिश की। लेकिन इन सब गहमागहमी में ग़रीब तबके की आवाज़ या तो दब गयी या हमने उसे नज़रअंदाज़ कर दिया।

अपनों के बीच अजनबी

10 अप्रैल 2021 को बीबीसी डॉट कॉम (हिंदी) पर प्रकाशित एक रिपोर्ट के ज़रिए इस तरफ़ हमारा ध्यान तब गया जब एक संस्थान पर देशद्रोह का मुक़दमा दर्ज किया गया। उस रिपोर्ट का एक अंश नीचे दिया गया हैः

> मेरा नाम रानी है। मैं सुबह चार बजे उठकर पढ़ती हूं और अपने दोस्तों को भी पढ़ने के लिए बोलती हूं। एनआरसी के विरोध में हूं, क्योंकि हमारे पास घर ही नहीं है तो डॉक्यूमेंट कहां रखेंगे?

पटना के दानापुर स्थित कैन्ट मध्य विद्यालय में चल रहे बाल सुधार गृह की दसवीं की छात्रा राधा (बदला हुआ नाम) ने तीन फ़रवरी 2019 को अपने सुधार गृह के रजिस्टर में एक प्रशिक्षण शिविर के दौरान ये बातें लिखी थीं। रजिस्टर में यह भी लिखा था –

> एनआरसी और सीएए के कारण लंबे अरसे से रह रहे नागरिकों को अपने भारत में रहने को प्रामाणित करना पड़ेगा। इसका सबसे ज़्यादा प्रभाव उन झुग्गी-झोपड़ियों में रहने वाले ग़रीब लोगों पर पड़ रहा है, जिनकी झोपड़ी हर साल बाढ़ या किसी अन्य वजह से टूट जाती है। सरकार की तरफ़ से जो भी बिल पास होता है अगर वह यहां रहने वाले नागरिकों के हित में नहीं है तो हम सबको मिलकर उसका विरोध करना चाहिए और हमें ज़रूरी दस्तावेज़ों को संभालकर रखना चाहिए ताकि ज़रूरत पड़ने पर वह हमारे काम आ सकें।

ये बातें राष्ट्रीय बाल अधिकार संरक्षण आयोग को इतनी आपत्तिजनक लगीं कि आयोग की चेयरपर्सन प्रियांक कानूनगो ने पत्र लिखकर संस्था और उससे जुड़े लोगों के ख़िलाफ़ देशद्रोह का मुक़दमा दर्ज करने का निर्देश दे दिया और यहां दानापुर थाने में 23 मार्च को राजद्रोह की धारा 124 (A) के तहत मुक़दमा भी दर्ज कर लिया गया है। (बीसीसी डॉट कॉम (हिंदी) से साभार।)

(23 मार्च हमारे इतिहास का बहुत महत्त्वपूर्ण दिन है। इस दिन 1931 को अमर

शहीद भगत सिंह, राजगुरु और सुखदेव को राजद्रोह की सज़ा के तौर पर फाँसी हुई थी।)

जब बीबीसी की यह रिपोर्ट आयी तो सोचने पर मजबूर हो गया कि ऐसे तो लाखों लोग हैं या शायद करोड़ों होंगे जो फ़ुटपाथ पर सोते हैं। उनके लिए सरकार क्या करने वाली है? या बरसों पहले जिनका घर-बार किसी अपरिहार्य कारणों से बिक गया या छिन गया और जो बरसों से किराये के मकान में रह रहे हैं, वे अपने काग़ज़ कहाँ से लाएँगे? साफ़-साफ़ समझ में आ रहा है कि मुसलमानों को आगे रख कर यह सांप्रदायिक सरकार असल में ग़रीबों को टार्गेट कर रही है।

मैंने सोचा कि अपने कमरे में बैठ कर इन सब पर लिखने के आलावा बाहर निकल कर कुछ लोगों से बात करने की भी कोशिश की जाए ताकि इस दौर में आम लोगों के मन की बात भी सुनने को मिले। फ़िलहाल मैंने कुछ मुसलमानों से बात की।

सकीना बानो (बदला हुआ नाम)

शाहीनबाग़ में सक्रिय भागीदारी निभाने वाली पर्यावरण वैज्ञानिक सकीना बानो से मैंने उनके अनुभव पूछे। सकीना ने बताया कि वह पहले राजनीति के बारे में न तो सोचती थी न जानती थी। लेकिन जब कश्मीर में धारा 370 हटा और उसके बाद कश्मीर के जो हालात बनाये गये सरकार द्वारा, उसने उन्हें सोचने पर मजबूर कर दिया। कैसे सरकार ने उन लोगों के इंटरनेट पर पाबंदी लगा दी जिन्हें वह भारत का नागरिक मानती है। आज के ज़माने में इस तरह की पाबंदी थोपना किसी को पूरी दुनिया से काट देना है। मोबाइल फ़ोन पर भी पाबंदी लगा दी गयी। अचानक से कश्मीर और बाकी दुनिया के बीच एक ऐसी दीवार खड़ी कर दी गयी जो ज़ाहिरी तौर पर दिखायी नहीं देती है। यह अपने नागरिकों पर उनकी ही सरकार का ज़ुल्म है। यही सरकार महबूबा मुफ़्ती के साथ गठबंधन में सरकार चला रही थी। तब सब ठीक था? यह सरकार जब जो मर्ज़ी होती है थोप देती है। न तो कोई संसदीय प्रक्रिया का पालन करना ज़रूरी समझती है न न्यायिक प्रक्रिया का। उसके बाद एनआरसी और सीएए।

ऐसा लगता है कि यह सरकार जानबूझ कर एक समुदाय को टार्गेट कर रही है। इसलिए सकीना ने व्यापक तौर पर दिल्ली में हुए शाहीनबाग़ आंदोलन अथवा धरना प्रदर्शन में सक्रिय हिस्सेदारी निभायी थी। सकीना का कहना है कि किसान विरोधी क़ानून भी उसी सिलसिले का एक हिस्सा है। इसलिए अब अगर आवाज़ नहीं उठायी गयी तो आगे आने वाली दूसरी सरकारें भी इसी तरह की मनमानी करती रहेंगी।

सकीना का कहना है कि इस दौरान मुसलमान अथवा अल्पसंख्यक होने के नाते वह दूसरे अल्पसंख्यक समुदाय की तकलीफ़ों को भी समझने लगी है इसलिए अब वह उनके लिए भी इसी तरह बोलेंगी। जैसे पाकिस्तान के अल्पसंख्यकों या भारत में दलितों के प्रति वह अब संवेदनशील हैं।

एनआरसी और सीएए के बारे में उनका कहना है कि इस कानून के माध्यम से कमज़ोर और गरीब तबके के लोग टार्गेट किए गए हैं। इसीलिए शाहीनबाग़ धरने में अपर-क्लास मुस्लिम नहीं थे। जो थे वो लोअर या मिडिल-क्लास मुस्लिम थे। बहुत मुमकिन है कि अमीर मुसलमान इससे अपने आप को बचा लें। उनके पास पक्के काग़ज़ भी होते हैं और रसूख़ भी। हर सरकार में उनकी पहुँच होती है। वो लोग मैनेज कर लेंगे या बहुत से बहुत क्या होगा, दूसरे देशों में जाकर बस जाएँगे। लेकिन ग़रीब मुसलमानों और ग़रीब दलितों को इस क़ानून के ज़रिए सरकार टार्गेट करेगी। परेशान करेगी। वो कहीं दूसरी जगह जाकर बस नहीं सकते। उनके पास इतने पैसे भी नहीं हैं और बहुत सारी जानकारी भी नहीं है।

ग़रीबों के साथ कुछ भी करेगी यह सरकार। ग़ायब कर देगी और कोई पूछने वाला नहीं होगा। कितने सारे ग़रीब तबके के लोग बिना बात के जेल में पड़े हैं, उनको कौन पूछ रहा है। उनमें से बहुत सारे सीएए और एनआरसी प्रोटेस्ट में थे। उनको अभी तक बेल भी नहीं मिली।

इस देश में अब मुसलमानों का रहना मुश्किल है। लोगों के ज़ेहन में अब यह बैठा दिया गया है कि मुसलमान देश के बाकी नागरिकों से अलग हैं। नफ़रत इतनी बढ़ गई है कि पहले जो बातें दबी-दबी थी, घर के अंदर थी, वह बाहर आ गयी है। आप कहीं भी आइए-जाइए लोग मुसलमानों के ख़िलाफ़ बोलते हैं। वर्तमान सरकार उनको प्रश्रय देती है कि आप कुछ भी बोल सकते हैं। ऑटो वाले लोग कहते पाये जाते हैं

कि अब हिंदू संस्कृति ही लागू होगी। हवाई जहाज़ में लोगों को बातें करते सुना है कि मुसलमानों को पाकिस्तान चले जाना चाहिए।

मैंने जब उनसे पूछा कि शाहीनबाग़ धरने में क्या केवल मुस्लिम ही थे तो उन्होंने बताया कि लगभग साठ फ़ीसदी नॉन मुस्लिम थे और चालीस फ़ीसदी मुस्लिम थे। भारी संख्या में स्टूडेंट्स भी थे। मुस्लिम ज़्यादातर वे थे जो उस इलाके के लोकल थे लेकिन नॉन मुस्लिम समुदाय के लोग दूर-दूर से और अलग-अलग जगहों से आते थे।

2014 के बाद सकीना ने पाया है कि आप भाजपा समर्थकों से तर्कपूर्ण बहस नहीं कर सकते। भाजपा समर्थक तर्कवादी ही नहीं होते वो सिर्फ़ आपको नीचा दिखाने की कोशिश करते हैं। न तो समझने की कोशिश करते हैं न समझाने की कोशिश करते हैं। यही पहचान है आज के भाजपाइयों की।

अहमद पठान (बदला हुआ नाम)

अहमद मुंबई में जन्मे और पले बढ़े हैं। बचपन से ही उनका राजनीति से कोई लेना-देना नहीं था। कहना चाहिए कि उन्हें कभी इसकी ज़रूरत महसूस नहीं हुई। वह इस बात को रेखांकित करते हुए बताते हैं कि वे एक माइनॉरिटी कॉलेज में पढ़ते थे, जहाँ लगभग पचास फ़ीसदी मुस्लिम छात्र होते थे और बाकी के पचास फ़ीसदी में दूसरे तमाम समुदाय के छात्र। वह इस बात को इसलिए रेखांकित करते हैं क्योंकि वहाँ पढ़ने वाले नॉन-मुस्लिम छात्रों को एक साथ बड़ी संख्या में मुसलमानों को देखने-समझने का मौका मिलता है। वे समझ सकते हैं कि एक नागरिक के तौर पर हम में कोई फ़र्क नहीं है। फिर इस बात को इसी जगह रोक कर वह बताना शुरू करते हैं कि उन्होंने 2014 में बीजेपी को वोट दिया था। जबकि अहमद को गुजरात दंगे के बारे में पता था। लेकिन उन्हें लगा था कि यह तो राजनीति में होता ही है। उनका मानना है कि उस वक़्त दिमाग़ पर प्रचार प्रसार इतना हावी हो गया था कि लगता था कि मोदी जी देश को आगे लेकर जाएँगे। 'सबका साथ सबका विकास' उनका नारा था। इसे जैसे सबने सच माना वैसे ही अहमद ने भी सच माना। लेकिन आज अहमद को अहसास

होता है कि वह शुद्ध रूप से एक मार्केटिंग-स्ट्रेटेजी थी। मार्केट में मोदी जी को लौंच किया गया और अहमद उस ब्रांड की चकाचौंध में आ गये।

धीरे-धीरे अहमद को अहसास होने लगा कि उनके 'नॉन – मुस्लिम' दोस्तों की भाषा बदलने लगी है। 2017 तक वे फ़ेसबुक पर थे पर तंग आकर उन्होंने सोशल मीडिया छोड़ दिया। असल में उनके कई बैच-मेट्स, जो उन्हें बहुत नज़दीक से जानते थे, एंटी-मुस्लिम होने लगे। मुसलमानों के ख़िलाफ़ बीजेपी का प्रोपेगेंडा उन तक पहुँचने लगा था। वो सब फ़ेसबुक पर एंटी-मुस्लिम प्रोपेगेंडा में शामिल हो चुके थे। इस बात से आहत होकर उन्होंने फ़ेसबुक छोड़ा। उनके आहत होने की सबसे बड़ी वजह यह है कि जो मुसलमानों को नहीं जानते अगर वो एंटी मुस्लिम हों तो कोई बात नहीं लेकिन जो मुसलमानों को नज़दीक से जानते हैं वो अगर एंटी मुस्लिम हो रहे हैं तो दुःख की बात है। अहमद सोचते हैं कि आख़िर उनके दोस्तों के अंदर मुसलमानों के लिए अचानक इतना गुस्सा क्यों भर गया? उनके मन में इतना मुस्लिम विरोध क्यों भर गया? 2014 के पहले उनका जो हमारे साथ प्रेम व्यवहार था वह फिर क्या था? या आज वो सब किसी बहकावे में आ गये हैं?

2014 के पहले जो कुछ मन में था आज वह शायद लोगों के मुँह पर आ गया। अब लोग खुल कर बल्कि आपके मुँह पर ही आपके मज़हब के ख़िलाफ़ बोलते हैं और आपको ज़लील करने की कोशिश करते हैं।

कोरोना की पहली लहर के दौरान जब तबलीग़ी जमात को भारत सरकार और गोदी मीडिया टार्गेट कर रही थी तो उस समय कॉलेज के व्हाट्स अप ग्रुप में अहमद के एक दोस्त ने मुसलमानों को कोरोना के लिए ज़िम्मेदार बताया तो अहमद ने उसे ब्लॉक कर दिया। यह वह दोस्त था जिसने अहमद के साथ एक ही प्लेट में बिरयानी खायी थी। दूसरे दोस्तों ने मामले को ठंडा करने के लिए उस दोस्त से कहा कि तुम्हें अहमद के सामने ऐसी बात नहीं करनी चाहिए। उन्होंने यह नहीं कहा कि उसका मुसलमानों पर इस तरह इलज़ाम लगाना ही ग़लत था।

अहमद का मानना है कि बीजेपी ही क्यों, किसी भी सरकार ने मुसलमानों का भला नहीं किया है। मुसलमानों का भला करने की आड़ में बीजेपी मुसलमानों को ज़लील करती है। जैसे तीन तलाक़। ऐसा लगता है कि मानो केवल तीन तलाक़ ही

मुसलमानों के अंदर एक बुराई थी जिसे ठीक किया जाना था। अगर भला ही करना है मुसलमानों का, तो मदरसे की हालत ठीक करो। मुसलमानों की तालीम ठीक करो। तीन तलाक़ पर जो क़ानून बनाया है वह केवल एक पॉलिटिक्स है। उसका मुसलमानों की भलाई से कोई लेना-देना नहीं है।

अहमद कहते हैं कि बीजेपी अलग-अलग शब्दों में, अलग-अलग मुद्दों से मुसलमानों को टार्गेट करती है। जैसे कभी बाबरी मस्जिद, कभी तबलीग़ी जमात का नाम लेकर, कभी कपड़ों से पहचनाने का आह्वान करके और कभी नागरिकता क़ानून, कभी कश्मीर, कभी पाकिस्तान का नाम लेकर। हिटलर भी इसी तरह यहूदियों को टार्गेट करता था। उन्हें 'डी-ह्युमनाईज़' किया करता था। बीजेपी मुसलमानों के साथ ऐसा ही करती है। फिर इसके बाद अहमद जोड़ते हैं कि अगर गहराई से देखें तो बीजेपी ग़रीबों को टार्गेट करती है। महाराष्ट्र में बीफ़ बैन की राजनीति उसी का हिस्सा है। यहाँ बीफ़ मुसलमानों के साथ-साथ दलित भी खाते हैं, जो ग़रीब हैं। बीफ़ ग़रीबों के लिए सबसे सस्ता प्रोटीन का स्रोत है। अहमद कहते हैं कि वैसे तो बीफ़ बैन से न तो मुझे कोई फ़र्क पड़ता है न मेरे जैसे सक्षम मुसलमानों को। फिर वह इसकी राजनीति को रेखांकित करते हुए कहते हैं कि देश में पर्याप्त संख्या में अस्पताल नहीं हैं, पर्याप्त संख्या में शौचालय नहीं हैं आज भी और सरकार गौशाला बनवाने पर ज़ोर दे रही है। फिर भैंस ने क्या बिगाड़ा है? भैंस के मांस को भी बैन करो। व्यंग्य करते हुए अहमद पूछते हैं कि वह काली होती है इसलिए उसकी चिंता नहीं है बीजेपी को? बीफ़-बैन से इकोनॉमी पर बुरा असर पड़ा है। बहरहाल, अगर बीफ़ बैन का क़ानून पास हुआ है तो एक मुसलमान होने के नाते हमारा फ़र्ज़ है कि हम उस क़ानून का सम्मान करें।

अहमद मुसलमानों के नेता की ज़रूरत को महसूस करते हैं जो हमारी आपकी तरह हो। ओवैसी की तरह न हो। क्योंकि बहुत सारे मुस्लिम और ख़ुद अहमद भी ओवैसी को अपना नेता नहीं मानते। क्योंकि उसकी छवि रैडिकल मुस्लिम की है। अहमद को लगता है कि मुसलमानों का प्रतिनिधित्व करने के लिए एक सामान्य मुस्लिम नेता हो जो उनकी आवाज़ उठाये। अहमद को इस बात का अफ़सोस भी होता है कि मुस्लिम समुदाय में प्रोग्रेसिव नेता चल नहीं पाता है। इसलिए अहमद उन

नॉन मुस्लिम नेताओं और सामाजिक कार्यकर्ताओं की सराहना करते हैं जो मुसलमानों के इंसाफ़ के लिए लड़ते हैं।

अहमद से नागरिकता क़ानून के बारे में पूछने पर उन्होंने कहा कि डर तो लगता है। कुछ साल पहले उनकी पत्नी ने कहा था कि कनाडा चलते हैं पर वे नहीं गये। लेकिन अब लगता है कि चले जाना चाहिए था। फिर भी महाराष्ट्र में अभी चूँकि बीजेपी की सरकार नहीं है इसलिए थोड़ी राहत है। जब तक शिवसेना की सरकार है तब तक तो डर नहीं है। अभी शिवसेना का एजेंडा कम से कम मुसलमानों को मारना तो नहीं ही है न। अगर नागरिकता कानून लागू भी हो गया तो 'हम काग़ज़ नहीं दिखाएँगे।' इस बात पर अहमद अडिग हैं। अहमद का कहना है कि यह केवल सांप्रदायिक ध्रुवीकरण का तरीक़ा है। अल्पसंख्यक समुदाय पर बहुसंख्यक समुदाय का दबदबा कायम करने का तरीक़ा है।

अहमद को बंगाल में बीजेपी की हार से ख़ुशी है। उनका कहना है कि बीजेपी विपक्ष को ख़त्म करना चाहती है। उसके बाद आपको क्या खाना है क्या पीना ये सब कंट्रोल करना चाहती है। यह डेमोक्रेसी नहीं है यह बहुत साफ़-साफ दिखायी दे रहा है।

ज़रीना शेख़ (बदला हुआ नाम)

ज़रीना मुंबई में एक कॉर्पोरेट ऑफ़िस में काम करती हैं। इस दौर के बारे में वह अपना अनुभव बताती हैं कि उनको 2002 के गुजरात दंगे के बाद ही अहसास हो गया था कि लोग अब मोदी को पसंद करने लगे हैं। ज़रीना के अनुसार इस दौर की शुरुआत उस वक़्त से ही माननी चाहिए। लोग गुजरात दंगे को उचित ठहरा रहे थे कि गोधरा में जो मुसलमानों ने शुरू किया उसे हिंदुओं ने ख़त्म किया। इसके लिए लोग मुख्यमंत्री नरेंद्र मोदी को क्रेडिट दे रहे थे। यानी सरकारी पद पर बैठ कर आप बदले की कार्यवाही को उचित ठहराएँगे? ज़रीना का कहना है कि उसी जस्टीफ़िकेशन का नतीजा है कि पहले जो लोग लिहाज़ में एक-दूसरे की भावनाओं का सम्मान करते

थे वो लोग आज आपके मुँह पर आपके समुदाय को ज़लील कर सकते हैं। गुंडे मॉब लिंचिंग कर सकते हैं। इस सरकार ने उन्हें यह हौसला दिया है कि वो कुछ भी कर सकते हैं। अपने हिंदुत्व के एजेंडे के तहत सरकार मुसलमानों की आवाज़ दबा देना चाहती है ताकि उसे देख कर दूसरे अल्पसंख्यक समुदाय और दलित-आदिवासी लोग भी दब कर चुप हो जायें। इसमें इस सरकार को कामयाबी भी मिली है। जैसे 2014 के पहले तो मुसलमान बोलता भी था लेकिन अब उसने चुप्पी साध ली है। दो समुदायों के बीच खाई बढ़ गई है। लोग मुसलमानों को ज़लील करने के लिए ट्रिपल तलाक़ या हलाला का ज़िक्र करते हैं।

ज़रीना को महसूस होता है कि कई स्तरों पर मुसलमानों को चुप कराने की कोशिश चल रही है। जैसे भाजपा ने हिंदू वोटों का ध्रुवीकरण करके यह बता दिया कि इस देश की राजनीति के लिए मुस्लिम वोटों की ज़रूरत ही नहीं है। मतलब इस डेमोक्रेसी में हमारे वोट की अहमियत ही नहीं है। अब तो मुसलमान केवल इतना ही चाहता है कि किसी तरह ज़िंदा रहें, बस।

एक महिला होने के बावजूद ज़रीना को लगता है कि ट्रिपल तलाक़ केवल एक स्टंट है यह बताने के लिए कि यह सरकार कोई भी क़ानून बदल सकती है, बना सकती है और आप कुछ नहीं कर पाएँगे। इसका दूसरा मकसद हिंदुओं का ध्रुवीकरण भी है। अब संगीतकार ए. आर. रहमान की उसी बेटी के बारे में लोग क्यों बात करते हैं जो हिजाब में रहती है? उसका नाम लेकर लोग मुसलमानों को पिछड़ा हुआ बताते हैं लेकिन उसी ए. आर. रहमान की दूसरी बेटी जो हिजाब में नहीं रहती है, का ज़िक्र भी नहीं करता कोई। इसीलिए जब मोदी जी 'कपड़ों से पहचानने' की अपील करते हैं अपनी चुनावी रैली में तो उनकी मंशा समझ में आती है। एक प्रधानमंत्री के तौर पर उनका यह बयान शर्मनाक है।

ज़रीना बताती है कि सांप्रदायिकता इतनी बढ़ गयी है कि एक स्कूल में एक मुस्लिम टीचर पर गार्जियन ने आकर आरोप लगाया कि वह केवल मुस्लिम बच्चों पर ध्यान देती है। आख़िर गार्जियन तक किसने यह बात पहुँचायी होगी? बच्चों ने। तो बच्चों को कैसे मालूम हुआ होगा कि वह टीचर मुस्लिम बच्चे पर ज़्यादा ध्यान दे रही थी? मतलब बच्चों को यह कैसे मालूम कि कौन बच्चा हिंदू है और कौन बच्चा

मुस्लिम? यानी बच्चों तक सांप्रदायिकता की लपट पहुँच गयी है। अगर यह सरकार बदली नहीं गयी तो आने वाली पीढ़ी के लिए बहुत मुश्किल होगा। ज़रीना के एक मित्र ने, जिसने मोदी को वोट दिया था, अब कहता है कि उसे इतना पावर नहीं देना चाहिए था। अब सोचिए कि भारत की प्राइवेट कंपनियों में ईद की छुट्टी नहीं होती। पहले ऐसा नहीं होता था।

इस सरकार से, ज़रीना को मुसलमानों के भले की कोई उम्मीद नहीं है। वह कहती हैं कि जिस तरह हर चुनाव मोदी के नाम पर लड़ा जाता है, इससे तो उसके एमपी, एमएलए की आवाज़ भी दबा दी गयी है। जबकि हम वोट तो अपने लोकल एमपी या एमएलए को देख कर देते हैं न? यह डेमोक्रेसी के ख़िलाफ़ है। हालाँकि ज़रीना को यह भी लगता है कि चूँकि इस देश में सेकुलर लोग बहुत हैं तो मोदी के लिए बहुत आसान नहीं है अपना एजेंडा चलाना। अब मोदी के ही समर्थक दबी ज़बान में उनकी आलोचना करने लगे हैं। उनको महसूस होने लगा है कि हिंदुत्व के एजेंडे से उनको तो कोई फ़ायदा नहीं हुआ। कोरोना की दूसरी लहर में मोदी के समर्थकों की भी आँखें खुलने लगी हैं। वे सोचने लगे हैं कि उसने हरिद्वार में कुंभ होने ही क्यों दिया? वह कुछ डिलेवर नहीं कर रहा है। हालाँकि ज़रीना को कई बार मोदी भी कठपुतली लगते हैं, पर किसके, पता नहीं चलता।

क्या मुसलमानों का अपना कोई नेता होना चाहिए तो ज़रीना इस पर तपाक से कहती हैं – ओवैसी हमारा नेता नहीं है। लेकिन उससे बढ़ कर मुसलमानों को अपने बारे में भी सोचना चाहिए कि आख़िर उनके दोस्त क्यों एंटी मुस्लिम हो गये? यह ठीक है कि इसके पीछे एक पूरा प्रचार तंत्र है लेकिन हमें यह भी सोचना चाहिए कि शायद हम से कोई ग़लती हो गयी हो। शायद हमने अपनी किसी हरकत से उन्हें आहत किया हो। कुछ मुस्लिम ऐसे हैं जो सोचते हैं कि वो बाकी नागरिकों से अलग हैं। उन्हें ऐसा नहीं सोचना चाहिए।

अली आबिद

अली आबिद पटना के निवासी हैं। पत्रकारिता से उनका संबंध रहा है। वह कुछ अलग तरह से इस दौर का विश्लेषण करते हैं। उनका कहना है कि आज जो कुछ है वह पहले भी था। जैसे मॉब लिंचिंग भाजपा के सत्ता में आने के पहले भी होती थी। लेकिन तब इसे ज़ुर्म समझा जाता था। अपराधियों पर कानूनी कार्रवाई होती थी और कोई भी उस घटना से अपने को नहीं जोड़ता था। मुजरिम को सज़ा मिले न मिले, यह अलग बहस है लेकिन मरने वाले के साथ समाज की सहानुभूति साफ़-साफ़ दिखायी देती थी। लेकिन 2014 के बाद उल्टा हो गया है। जो लोग मॉब लिंचिंग करते हैं अब उनकी हीरोइज़्म उभारी जाती है। अख़बारों और गोदी मीडिया में मोटे-मोटे हेडलाइन और बैनर बनते हैं। एक घटना का भी व्यापक असर बनाया जाता है। इससे धीरे-धीरे ऐसा लगने लगा है कि अब कोई भी कहीं भी पिट जाएगा। मुसलमानों को हाशिये पर खड़ा कर दिया गया है। कई बार लगता है कि हमारा कोई माई- बाप नहीं है।

बड़े ही चिंतित हो कर अली आबिद बताते हैं कि इस स्थिति में नयी पीढ़ी गें दो तरह के लोग हो रहे हैं। एक वो हैं जो हताश हैं और जिनका हौसला पस्त हो चुका है। वे हालात को स्वीकार कर बैठ चुके हैं। लेकिन दूसरे वो लोग भी हैं जो इन स्थितियों के ख़िलाफ़ लड़ने को तैयार हैं।

पहले हम संकट के समय अपनी संस्थाओं की तरफ़ देखते थे जैसे इमारत – ए – शरिया, मुस्लिम पर्सनल लॉ बोर्ड या ऐसी और भी दूसरी संस्थाएँ। लेकिन आज देश में और ख़ास कर बिहार में जो संस्थाएँ मुसलमानों के लिए आवाज़ उठाती थीं, उनकी आवाज़ ख़त्म कर दी गयी है। पहले की सरकारें इनकी बातें सुनती थीं। लेकिन अब सरकार इनकी सुनती ही नहीं है। इन संस्थाओं के नेताओं को सरकार में शामिल कर दिया गया या कुछ दूसरे फ़ायदे देकर चुप करा दिया गया। उन संस्थाओं में पहले से ही कुछ भ्रष्टाचार था, तो उस भ्रष्टाचार को आधार बना कर उनको ब्लैकमेल किया गया। जैसे लोगों ने सरकार से ग्रांट लिया और उसका कोई इस्तेमाल नहीं किया। दूसरी तरफ़ उर्दू अकादमी जैसी अल्पसंख्यक सरकारी संस्थाओं को भाई-भतीजावाद

ने बर्बाद कर दिया। इस सरकार ने उनकी कमज़ोरियों को इस्तेमाल किया और उनको ग़ैर – मौज़ूं बना दिया। समाज के लिए उनकी कोई अहमियत ही नहीं रह गयी है। एक तरह से अच्छा भी हुआ।

इस सरकार ने इन सबके साथ एक काम और किया और वह है तमाम अल्पसंख्यक संस्थाओं में से योग्य और विशेषज्ञ व्यक्तियों को हटा कर अपने अयोग्य लोगों को बैठा दिया। इससे वो संस्थाएँ ख़ुद बख़ुद बर्बाद हो रही हैं। तमाम माइनॉरिटी इंस्टीट्यूशंस से अच्छे लोगों को बाहर कर दिया गया। इस तरह उन संस्थाओं का प्रतिरोध ही ख़त्म कर दिया। इससे मुस्लिम समुदाय के प्रतिरोध का स्वर भी ख़त्म हुआ है। पढ़ा-लिखा तबका ही तो मुसलमानों की आवाज़ उठाता था।

नौकरी और प्रतियोगी परीक्षाओं पर सवाल पूछने पर अली आबिद बताते हैं कि मुसलमान इस दिशा में सोच ही नहीं रहा है। वह यह मान कर बैठा है कि इस दौर में हमारा तो कहीं होगा ही नहीं। उसे लगता है कि उसकी कहीं पर भी और कभी भी लिंचिंग हो सकती है या नरसंहार भी हो सकता है। लक्षद्वीप में देखिए क्या हो रहा है। किस तरह टार्गेट किया है मुसलमानों को। अच्छे ख़ासे शांतिपूर्वक रह रहे थे वहाँ के लोग लेकिन सरकार ने डिस्टर्ब कर दिया। अब आगे क्या होगा पता नहीं।

कुल मिला कर अली आबिद यह मानते हैं कि मुसलमानों का प्रतिनिधित्व कमज़ोर पड़ गया है।

तीन तलाक़ पर आये नये क़ानून पर विचार व्यक्त करते हुए आबिद कहते हैं कि जिन लोगों को ख़ास कर महिलाओं को लगता है कि एक बार में तीन तलाक़ को ख़त्म करना एक क्रांति है तो उन्हें और अधिक अध्ययन और शोध की ज़रूरत है। वह यह मानते हैं कि इसका मकसद कुछ और था। तीन तलाक़ को आबिद ग़ैर-मुनासिब मानते हैं। वह मानते हैं उलेमाओं ने यह बात न तो मुस्लिम समाज में बतायी न दुनिया को। सबको लगता है कि शरीयत में केवल तीन बार तलाक़ तलाक़ तलाक़ कह कर ही मुसलमानों में तलाक़ होता है। जबकि शरीयत में तलाक़ के कई तरीक़े हैं। यह लोगों को पता ही नहीं है। लेकिन भाजपा की सरकार ने जो किया है उसका मकसद यह संदेश देना है कि ये लोग किसी का पर्सनल कोड बदल सकते हैं। यह असल में

युनिवर्सल सिविल कोड की तरफ़ उनका बढ़ाया हुआ एक कदम है। वरना तीन तलाक़ के कितने केस पूरे भारत में होते हैं? अली आबिद पूछते हैं कि क्या आपके आसपास कोई ऐसा है जिसने तीन बार तलाक़ तलाक़ तलाक़ बोल कर तलाक़ लिया हो?

मीडिया पर बात करते हुए अली आबिद कहते हैं कि मीडिया सांप्रदायिक हो चुका है। आप ध्यान से देखें तो पाएँगे कि कई सारे चैनल पर पढ़ी जाने वाली ख़बर की स्क्रिप्ट एक जैसी होती है। ऐसा लगता है जैसे किसी एक जगह से उनको लिख कर दिया गया है। सांप्रदायिक और नफ़रती ख़बरों की निरंतर बौछार होती रहती है। इससे समाज पर बुरा असर पड़ा है। सड़क पर चलते-फिरते सामान्य लोगों की भाषा सांप्रदायिक हो गयी है।

नागरिकता संशोधन क़ानून पर अली आबिद चिंता व्यक्त करते हैं। कहते हैं कि इस मामले में मुसलमानों को हमेशा जागते रहने पड़ेगा। क्योंकि यह क़ानून एक बार बन गया तो अब हटेगा नहीं, चाहे किसी भी पार्टी की सरकार हो। दूसरी पार्टी की सरकार इस डर से नहीं हटाएगी कि भाजपा को दोबारा मुद्दा गरमाने का मौका मिल जाएगा। यह एक तलवार है जो हमेशा के लिए मुसलमानों पर लटक गई है। असम में एनआरसी के दौरान कारगिल के सैनिक हों या वहाँ की पहली महिला मुख्यमंत्री, दोनों के नाम या उनके परिवार के सदस्यों के नाम हटा कर सरकार ने स्पष्ट कर दिया है कि जब इनके साथ ऐसा बर्ताव हो सकता है तो आम लोगों की तो बिसात ही क्या है? ज़ेहनी तौर पर मुसलमानों को तोड़ दिया जाएगा।

व्यंग्य करते हुए आबिद पूछते हैं कि दक्षिणपंथी ताकतें यह कहती ज़रूर हैं कि भारत में रहने वाले सब हिंदू हैं। अगर ऐसा है तो फिर वंदे मातरम् कहने का दबाव क्यों देते रहते हैं? क्या हिंदुओं पर वंदे मातरम् कहने का दबाव डाल रहे हैं? जगहों के नाम बदलने की राजनीति क्यों कर रहे हैं? जिनको नाम बदलने में दिलचस्पी है वह पटना का नाम पाटलिपुत्र क्यों नहीं कर देते? ये सब सांप्रदायिक ध्रुवीकरण की राजनीति है। जब भी ये लोग कहीं नाकाम होते हैं तो शुरू हो कर देते हैं नाम बदलना।

लेकिन इन सब के बावजूद अली आबिद आज की स्थितियों के लिए भाजपा के साथ कांग्रेस को भी दोषी मानते हैं और बताते हैं कि कांग्रेस ने इस बात को हमेशा भुनाया है कि उसने मुसलमानों के लिए बहुत कुछ किया जबकि यह सच नहीं है।

टोकन के तौर पर कुछ लोगों को कुछ दे दिया लेकिन उससे मुस्लिम क़ौम को कोई फ़ायदा नहीं हुआ। फिर वे ग़ुस्से में सवाल पूछते हैं कि आख़िर टाडा, पोटा, यूएपीए कौन लेकर आया था?

नागरिक अधिकारों के आंदोलनकारी

मैं कभी नताशा नरवाल, वंदना कलीता, सफ़ूरा ज़रगर, उमर ख़ालिद या शाहीन बाग़ की बूढ़ी दादी से मिला तो नहीं लेकिन मुझे लगता है कि मैं जो कुछ भी लिख रहा हूँ वह उनके संघर्षों से प्रेरित होकर ही लिख रहा हूँ। या शायद इसलिए लिख रहा हूँ कि वे सब सैकड़ों की तादाद में देश के लिए मैदान में संघर्ष कर रहे हैं और मैं घर में बैठ कर अपने देश के लिए कुछ नहीं कर रहा हूँ। इसलिए आज जब उनमें से कई लोग जेल में हैं, उनका एक संक्षिप्त परिचय यहाँ दर्ज करना ज़रूरी है ताकि सनद रहे कि जब वे लड़ रहे थे तब कहीं कोने में बैठ कर कोई उन सबको अपनी स्मृतियों में सहेज रहा था। वरना 'सिस्टम' इन तमाम लोगों को कब डकार जाएगा पता भी नहीं चलेगा। 'सिस्टम' का पेट वैसे ही बहुत बड़ा होता है ऊपर से सांप्रदायिक सिस्टम तो पेट के अंदर भी एक पेट लेकर चलता है ताकि भर पेट भोजन करने के बाद भी मिठाई की जगह बची रहे।

आज़ादी की आवाज़ से ही सरकार की ज़मीन हिलने लगती है। इस देश का हर नागरिक भुखमरी, बेरोज़गारी, साहूकारी, अशिक्षा, कुपोषण, सांप्रदायिक और जातीय भेदभाव से अगर आज़ाद हो तो इसमें सरकार का क्या नुकसान है? अगर इन सबसे आज़ादी होगी तो देश का विकास किस गति से होगा इसका अंदाज़ा आज तक लगाया नहीं जा सका है क्योंकि इनसे आज तक आज़ादी हासिल ही नहीं हुई। क्या इस देश की सरकार विकास नहीं चाहती? बहरहाल, आज़ादी की ऐसी ही एक आवाज़ 2015 में 'पिंजड़ा तोड़' बन कर उठी थी। वैसे तो यह आवाज़ गर्ल्स हॉस्टल में लड़कियों पर पाबंदियों के विरोध में थी लेकिन सीएए और एनआरसी के अस्तित्व में आने के बाद इसने अपना दायरा बढ़ाया और आम नागरिक के अधिकारों के लिए

नये नागरिक कानून का विरोध किया। प्रदर्शन किया। नारे लगाये। लगभग पाँच सौ महिलाएँ इस विरोध प्रदर्शन में शामिल थीं। नताशा नरवाल और सफ़ूरा ज़रगर आदि का नाम राष्ट्रीय स्तर पर गूँजा। असंख्य लोगों ने उनकी आवाज़ में अपनी आवाज़ सुनीं। उनके मुखर विरोध प्रदर्शनों में मेरी भी एक आवाज़ है।

नताशा नरवाल

9 मई 2021 को वैज्ञानिक महावीर नरवाल का निधन हो गया। अंतिम समय में वे अपनी बेटी नताशा नरवाल से मिल नहीं सके क्योंकि उनकी बेटी जेल में थी और 'सिस्टम' से गुहार लगाने के बाद भी बाप बेटी को मिलने की इजाज़त नहीं मिली। जिन नागरिकों के अधिकारों के लिए वह जेल में थी उन नागरिकों में से एक मैं भी हूँ। संविधान की प्रस्तावना में जिस 'हम भारत के लोग' का ज़िक्र आया है उनके लिए वह जेल में है और हम उसको इंसाफ़ दिलाने के लिए कुछ नहीं कर पाए।

22 फ़रवरी 2020 को दिल्ली में 'पिंजड़ा-तोड़' की नताशा नरवाल और वंदना कलीता के आह्वान पर महिलाओं ने सीएए और एनआरसी के विरोध में प्रदर्शन किया और दूसरे ही दिन 23 मई को नताशा और वंदना को गिरफ़्तार कर लिया गया। उन्हें ज़मानत मिल गयी तो पुलिस ने दिल्ली दंगे में उनकी भूमिका बता कर फिर से गिरफ़्तार कर लिया। फिर आगे चल कर उन्हें यूएपीए के तहत गिरफ़्तार किया गया। यूएपीए के तहत आतंकवादियों को गिरफ़्तार किया जाता है। तो इस सरकार की नज़र में जो सीएए और एनआरसी का विरोध करे वह आतंकवादी है। इस क़ानून के तहत लोगों की ज़िंदगियाँ बर्बाद हो जाती हैं। इस क़ानून के तहत ज़मानत नहीं मिलती। इस तरह यह सरकार देश के उन युवाओं को कुचल देगी जो देश के काम आ सकते हैं। इस सरकार ने सिर्फ़ सीएए और एनआरसी के ख़िलाफ़ बोलने की वजह से इन आंदोलनकारियों को जेल में नहीं भेजा है बल्कि उनसे पुरुषवादी हॉस्टल नियमों को चुनौती देने का और जेएनयू आंदोलन का बदला भी लिया है। दोनों लड़कियां जेएनयू की शोधार्थी हैं। दोनों के पास लंबा जीवन पड़ा है जीने को। दोनों ने अपना जीवन दाँव

पर लगाया है। जहाँ तक दिल्ली दंगों में उनके शामिल होने का सवाल है, पुलिस अभी तक अदालत में कुछ साबित नहीं कर पायी है।

सफ़ूरा ज़रगर

सफ़ूरा ज़रगर को भी उसी तरह कानूनी जाल में फँसाया गया है जिस तरह नताशा और वंदना को। सफ़ूरा भी सीएए और एनआरसी के ख़िलाफ़ होने वाले उस प्रदर्शन में प्रमुख थी। सफ़ूरा जामिया मीलिया की छात्रा हैं और जब उन्हें गिरफ़्तार किया गया तब वह गर्भवती भी थीं। उन्हें ज़मानत भी मिली लेकिन पुलिस ने फिर से उन्हें गिरफ़्तार कर लिया, दिल्ली दंगे की साज़िशकर्ता बता कर। बहुत कोशिशों के बाद उनकी गर्भावस्था को देखते हुए उन्हें ज़मानत मिली। लेकिन इस दौरान इस देश के सांप्रदायिक तत्वों ने उनकी गर्भावस्था को लेकर जिस तरह चरित्र हनन का सहारा लिया उसे कभी भूलना नहीं चाहिए बल्कि अध्ययन करना चाहिए कि सांप्रदायिक तत्वों के लिए किसी महिला के चरित्र हनन में जो सुख है वह सुख उन्हें किसी प्रेमपूर्ण बातों में क्यों नहीं मिलता है?

हमने देखा है कि किसी मुस्लिम देश में पत्थर मार-मार कर एक महिला की जान ले ली जाती है। तो अपने देश, तथाकथित धर्मनिरपेक्ष देश के गाँवों और कस्बों में किसी महिला को चुड़ैल और डायन बता कर मार दिया जाता है। पत्थर मारे जाते हैं, कपड़े फाड़े जाते हैं। सम्मान के हनन की तमाम तरकीबों का सहारा लिया जाता है। लेकिन बड़े शहरों में इस काम के लिए ज़बानी चरित्र हनन से काम लिया जाता है। कीचड़ उछाले जाते हैं। यह सांप्रदायिक संस्कृति का सबसे महत्त्वपूर्ण हथियार है।

दिल्ली दंगा

2020 के दिल्ली दंगे की ख़बरों के बीच एक तस्वीर कई जगहों पर देखने को

मिली- पिस्तौल (अथवा कट्टा) ताने एक लड़के की तस्वीर। इसमें साफ़-साफ़ दिख रहा है कि उसने किसी एक ख़ास दिशा में पिस्तौल तान रखी है। यह अनुमान लगाना हास्यास्पद होगा कि उस पिस्तौल से फूल झरते होंगे या जादूगर की टोपी की तरह शांतिदूत कबूतर निकलते होंगे। यह भी कल्पना करने की कोशिश करना क्रूरता होगी कि उसके निशाने पर कोई इंसान नहीं होगा। उसका चेहरा जितना भी दिख रहा है उससे अनुमान लगाया जा सकता है कि वह चिल्ला रहा है। प्रेम के बोल बोलने के दौरान कोई इस भाव के साथ नहीं चिल्लाता है।

तस्वीर में उस लड़के के पीछे दिल्ली पुलिस चुपचाप खड़ी है। चूँकि कैमरे का फ़ोकस लड़के पर था इसलिए उसके पीछे खड़ी पुलिस की छवि धुँधली है। तो कोई यह कह सकता है कि नहीं, नहीं पुलिस चुपचाप नहीं खड़ी थी बल्कि आपस में बात कर रही थी। बात करना भी तो पुलिस का काम है। कोई टाइम पूछ रहा होगा। कोई टाइम बता रहा होगा। कोई कह रहा होगा कि आसपास चाय की दुकान होती तो थोड़ी चाय पी ली जाती। कोई अपने बच्चे की पढ़ाई और परीक्षा में उत्तीर्ण होने का गुणगान कर रहा होगा। कोई कह रहा होगा कि आज मुझे जल्दी घर पहुँचना है, मैरेज एनिवर्सरी है सर। कोई अपने बवासीर से परेशान होगा कोई अपने हाइड्रोसील से।

अच्छा हुआ कि अरविंद केजरीवाल ने अपने पहले कार्यकाल में ही स्पष्ट कर दिया था कि दिल्ली की पुलिस केंद्र सरकार के अधीन है। हमें उनका आभार मानना चाहिए।

तस्वीर वाले उस लड़के ने 'दिल्ली पुलिस ज़िंदाबाद' का नारा भी लगाया था।

फिर उस लड़के को गिरफ़्तार कर लिया गया। लेकिन कुछ ही महीनों के बाद उसे छोड़ भी दिया गया। निश्चित रूप से तमाम कानूनी प्रक्रिया का पालन किया गया होगा, मुझे इसमें कोई शक नहीं है।

उसी तस्वीर वाले लड़के ने पटौदी महापंचायत में नारा लगाया – 'जब मुल्ले काटे जाएंगे' तो भीड़ ने कहा – 'राम राम चिल्लाएँगे।' उसने आगे भाजपा द्वारा प्रचारित क्रूर-काल्पनिक लव जेहाद के संदर्भ में कहा – 'वो हमारी बहनों को ले जा सकते हैं, क्या तुम उनकी कोई उठा के नहीं ला सकते?' '. . . अरे तुम सलमा को नहीं ला सकते?'

इसकी रिपोर्ट जनसत्ता (5 जुलाई 2021), इंडियन एक्सप्रेस (6 जुलाई 2021)

और लल्लन टॉप डॉट कॉम (9 जुलाई 2021) पर देखी जा सकती है।

जिस दिन यह घटना घटी संभवतः उसी दिन आरएसएस प्रमुख आदरणीय मोहन भागवत ने हिंदू मुसलमानों का डीएनए एक होने की बात कही थी। उन्होंने यह भी कहा था कि लिंचिंग करने वाले हिंदुत्व के विरोधी हैं। उनकी बातें तो स्वागतयोग्य लगती हैं लेकिन यह समझ में नहीं आता है कि उनके राजनैतिक दल भाजपा के जो नेता मॉब लिंचिंग करने वालों को फूल माला पहनाते हैं क्या उन सब को भी आदरणीय मोहन भागवत हिंदुत्व विरोधी बता रहे हैं? क्या आदरणीय मोहन भागवत पटौदी महापंचायत में शामिल भाजपा नेता पर कोई सांगठनिक कार्रवाई भी करेंगे? मैं यह नहीं कह रहा कि वह सरकार को कोई निर्देश दें। तकनीकी रूप से कोई भी कह सकता है कि आदरणीय मोहन भागवत जी सरकार को कैसे कुछ कह सकते हैं? बात भी ठीक है, सरकार को देश का कोई भी नागरिक कुछ नहीं कह सकता है। लेकिन आरएसएस से जुड़े लोगों पर आरएसएस प्रमुख अपने बयान के आलोक में अनुशासनात्मक कार्यवाई तो कर सकते हैं न?

नताशा नरवाल, देवांगना कलीता और आसिफ़ तनहा को ज़मानत

'असहमति को कुचलने की हड़बड़ाहट में सरकार (स्टेट) ने "विरोध के संवैधानिक अधिकार" और "आतंकवादी गतिविधियों" के बीच की रेखा को धुँधला कर दिया है। अगर यह मानसिकता ज़ोर पकड़ती गयी तो लोकतंत्र के लिए दुःखद होगा'।

ऐसा दिल्ली हाईकोर्ट ने 15 जून 2021 को नताशा नरवाल, देवांगना कलीता और आसिफ़ तनहा को ज़मानत देते हुए कहा। माननीय अदालत ने शायद फ़ासीवाद की नब्ज़ पकड़ ली है।

लेकिन अभी न जाने कितने लोकतंत्रवादी कार्यकर्ता झूठे आरोप में जेल में कैद हैं। हम उनकी रिहाई की कामना करते हैं।

इतना लिख चुकने के बाद जैसे ही नज़र इधर से हटाई उधर दिल्ली पुलिस ने हाईकोर्ट के फ़ैसले के ख़िलाफ़ सुप्रीम कोर्ट का दरवाज़ा खटखटाया। भाजपा की केंद्र सरकार के अंतर्गत काम करने वाली दिल्ली पुलिस इतनी आसानी से लोकतंत्रवादियों को जाने नहीं देगी। इसीलिए पुलिस ने उन लोकतंत्रवादियों के आधार कार्ड में दिये गये पते की जाँच करने के नाम पर उनकी रिहाई को दो तीन दिन के लिए टाल दिया ज्ञातव्य है कि दिल्ली पुलिस केंद्रीय गृह मंत्रालय के अंतर्गत काम करती है।

बहरहाल, अदालत ने इन तीनों आंदोलनकारियों को ज़मानत पर रिहा करने का आदेश पुलिस को दिया और अब वे तीनों जेल से बाहर हैं।

उमर खालिद की चिट्ठी

उमर खालिद पर यूएपीए का चार्ज लगा। साथ ही लगा नॉर्थ ईस्ट दिल्ली में हुए दंगों में शामिल होने का आरोप। इसके बाद उन्हें जेल भेज दिया गया। तिहाड़ जेल से उमर खालिद ने कोविड से संक्रमित होने को लेकर अपनी चिंता, परिवार को लेकर फ़िक्र और भीषण महामारी के बीच ज़मानत न मिलने की व्यथा बताते हुए ख़त लिखा है। द क्विंट ने उमर खालिद के इस ख़त को प्रस्तुत किया है -

ऐसे लगता है जैसे जेल की कोठरी सिकुड़ रही है। घुटन और क्लेस्ट्रोफ़ोबिया हमारे मन और शरीर को अपने क़ब्ज़े में लेता जा रहा है, मुझे घरवालों से बात करने के लिए सप्ताह में दो बार मिलने वाले पाँच मिनट के फोन कॉल या दस मिनट के वीडियो कॉल का बेसब्री से इंतज़ार रहता है। लेकिन जैसे ही हम बातें करना शुरू करते हैं, टाइमर बंद हो जाता है और कॉल कट जाता है।

हर एक सेकेंड की कीमत का एहसास मैंने इस शिद्दत के साथ कभी नहीं किया। सामान्य हालात में भी जेल का जीवन काफ़ी कठिन होता है। मैंने पिछले आठ महीने अकेले एक सेल (जेल की कोठरी) में पड़े-पड़े बिताए हैं। कई-कई बार तो मैं दिन में 20 घंटे से भी अधिक समय तक सेल में बंद रहता हूँ।

अपनों के बीच अजनबी

जेल में कोरोना वायरस को लेकर उमर खालिद लिखते हैं –

इस समय चल रहे घोर स्वास्थ्य संकट ने जेल के जीवन की मुश्किलें और भी कई गुना बढ़ा दी हैं। पिछले एक महीने से जब पूरा भारत कोविड-19 की दूसरी लहर से जूझ रहा है, एक भी रात ऐसी नहीं होगी, जिसे मैंने सेल में बंद रहते हुए अपने परिवार और प्रियजनों के बारे में बहुत ज्यादा चिंता के ना बिताई हो।

कई बार हम अपना ध्यान इन चीजों की तरफ से हटाने के लिए, बहुत ज्यादा न सोचने की कोशिश करते हैं लेकिन अनगिनत मौतों और घोर निराशा से संबंधित जो ख़बरें हर सुबह अखबार में छपती हैं, वे इस कदर हावी हो जाती हैं कि बुरे से बुरे विचारों को रोकना संभव नहीं होता।

अप्रैल महीने के बीच में मुझे यह ख़बर मिली कि मेरी माँ और मेरे कई अन्य रिश्तेदार कोरोना से संक्रमित हुए। मेरे अंकल की हालत विशेष रूप से गंभीर थी क्योंकि उनका ऑक्सीजन का स्तर लगातार गिर रहा था और उन्हें अस्पताल में भर्ती कराया गया था। जल्द ही उन्हें आईसीयू में शिफ्ट कर दिया गया।

अपने घर पर चल रहे स्वास्थ्य संकट के बीच एक सुबह जब मैं सो कर उठा तो मेरी तबीयत ठीक नहीं लग रही थी, मुझे बुखार था और शरीर में भयानक दर्द भी था। मैं अपनी सेहत की जाँच कराने के लिए जेल की ओपीडी में गया, लेकिन उन्होंने मुझे कुछ दवाएँ देकर वापस भेज दिया।

छह दिनों तक स्पष्ट लक्षणों और अदालत के आदेश के बाद मेरा कोविड टेस्ट किया गया, जो पॉजिटिव निकला। हालाँकि रिपोर्ट के पॉजिटिव आने के बाद मुझे वह सभी चिकित्सा सहायता उपलब्ध करायी गयीं, जिनकी मुझे आवश्यकता थी और मुझे क्वारंटीन कर दिया गया।

लेकिन स्वाभाविक रूप से मेरे क्वारंटीन होने का मतलब यह भी था कि मैं किसी भी प्रियजन को कोई भी साप्ताहिक फोन या वीडियो कॉल नहीं कर सकता था। मैं अपने सेल में लेटे हुए पूरे समय असहाय रूप से यही सोचता रहता कि मेरे घर पर क्या स्थिति होगी और यही सब सोचते-सोचते मैं कोविड – 19 से उबर भी गया।

फ़रीद ख़ाँ

क्वारंटीन में रहते हुए ही मैंने दिल्ली हाईकोर्ट द्वारा नियुक्त उच्चाधिकार प्राप्त समिति के बारे में पढ़ा, जो पिछले साल की तरह कोविड-19 के कारण आपातकालीन पैरोल (अंतरिम जमानत) पर कैदियों की रिहाई के संदर्भ में विचार कर रही थी, पिछले साल के अपने अनुभव से यह भी जानता था और बाद में इसकी पुष्टि भी हुई कि यूएपीए के तहत गिरफ़्तार किए गए लोग किसी भी तरह की अंतरिम राहत के पात्र नहीं होंगे।

हमारे लिए अपने घरवालों के पास वापस आने का एकमात्र तरीका नियमित ज़मानत हासिल करना है, जिसे यूएपीए के प्रावधान, निकट भविष्य में अगर लगभग असंभव नहीं, तो काफ़ी कठिन जरूर बना देते हैं। एक क़ानून के रूप में, यूएपीए सुप्रीम कोर्ट की इस टिप्पणी का मजाक उड़ाता लगता है कि ज़मानत मिलना नियम है और जेल भेजा जाना अपवाद।

प्रभावी रूप से, यूएपीए एक आरोपी व्यक्ति पर अपनी बेगुनाही साबित करने की जिम्मेदारी थोपने के साथ इस सिद्धांत को सिर के बल खड़ा कर देता है और इस तरह ज़मानत देने के मामले में भी अपराध-सिद्ध होने की धारणा के साथ आगे बढ़ता है, वह भी बिना किसी तरह के ट्रायल (कानूनी बहस) के, ऐसा लगता है कि लंबे समय तक चलने वाले कानूनी मुकदमे अथवा ट्रायल के बाद ही हम अपने आज़ाद होने की उम्मीद कर सकते हैं।

उमर खालिद बताते हैं कि उनका और उनके जैसे कई कैदियों, जिन्हें यूएपीए में गिरफ़्तार किया गया है, का बहुत समय तक मुक़दमा ही शुरू नहीं किया गया।

हमारे केस में, पहली गिरफ्तारी के बाद से 14 महीने बीत चुके हैं,लेकिन फिर भी हमारा मुकदमा शुरू तक नहीं हुआ, इस तरह हमें अपनी बेगुनाही साबित करने का भी कोई मौका नहीं मिला, हम सभी 16 आरोपी इस 'साजिश' के मामले में पूर्व-परीक्षण (प्री-ट्रायल) हिरासत में हैं और इस महामारी के कारण कई न्यायाधीशों, वकीलों और अदालत के कर्मचारियों के बीमार पड़ने के साथ कार्यवाही में और देरी ही हो रही है।

जाहिर है कि यह प्रक्रिया अपने आप में ही एक सज़ा है, जो प्रक्रिया सामान्य हालात में भी बेहद धीमी गति से चलती है, वह आज की विषम परिस्थितियों में और अधिक क्रूर हो गई है, क्या केंद्र सरकार आज की विषम परिस्थितियों पर विचार करते हुए राजनीतिक बंदियों को रिहा करेगी?

मुझे कोई उम्मीद नहीं है, क्योंकि पिछले साल भी इस महामारी से ऐसी ही असाधारण परिस्थितियां थीं- विरोध प्रदर्शनों पर अंकुश लगा हुआ था और मीडिया का सारा ध्यान स्वास्थ्य और आर्थिक संकट पर केंद्रित था, जिसने इस सरकार को हममें से कई लोगों को- जिन्होंने नागरिकता (संशोधन) अधिनियम की असंवैधानिकता के बारे में बात की थी- जेलों में ठूंसने का सही मौका दे दिया।

आज़ादी पर उमर खालिद लिखते हैं कि, वो अक्सर सोचते हैं कि अगर आज वो आज़ाद होते तो क्या करते। मानसिक स्वास्थ्य पर पड़ने वाले असर पर भी उन्होंने लिखा –

मैं अक्सर सोचता रहता हूँ कि अगर हम आज आज़ाद होते तो हमारा जीवन कैसा होता, हम ज़रूरतमंदों तक उनकी व्यक्तिगत पहचान की परवाह किए बिना राहत, सहानुभूति और एकजुटता के साथ पहुँचते। फिर भी हम यहाँ पड़े हुए हैं, उन परिस्थितियों के बीचों-बीच जो बद से बदतर होती जा रही हैं और हम सभी बीमारी, चिंता और नताशा के मामले में व्यक्तिगत त्रासदी से जूझ रहे हैं।

इस महामारी के कारण होने वाली अनगिनत मौतों के साथ-साथ विशेषज्ञों ने पिछले 14 महीनों से लोगों के मानसिक स्वास्थ्य पर पड़ने वाले भारी असर की ओर भी लगातार इशारा किया है, काश लोग इस संदर्भ में राजनीतिक कैदियों और हमारे परिवारों के बारे में भी सोचते, महावीर नरवाल के लिए भी सोचते जो अपने अंतिम समय में न केवल कोविड-19 से पीड़ित थे, बल्कि अपनी बेटी को आज़ाद देखने के लिए पिछले एक साल के इंतजार से भी जूझ रहे थे।

काश लोगों ने नताशा के बारे में भी सोचा होता, जो अपने पिता के अंतिम क्षणों में भी उनके साथ नहीं थी और अब उनका अंतिम संस्कार करने के तीन

सप्ताह बाद एक बार फिर उसे वापस जेल लौटना है। (द क्विंट, हिंदी से साभार)

सुल्ली फ़ॉर सेल

पिछले दिनों एक ख़बर सोशल मीडिया पर आयी और कई दिनों तक घूमती रही। ख़बर यह थी कि 'सुल्ली फ़ॉर सेल' नाम के एक ऐप पर मुस्लिम लड़कियों की नीलामी की जा रही है। यह ऐप अब प्रतिबंधित/बंद/निष्क्रिय हो चुका है।

निश्चित रूप से यह ट्रोल का एक नया तरीका है। ख़बरों के मुताबिक़ कई लड़कियों ने उसमें अपनी तस्वीर देखी हैं, नीलामी के लिए। उसमें 'फ़ाइंड अ सुल्ली' और 'योर डील फ़ॉर टुडे' जैसे स्टेप्स हैं जहाँ मुस्लिम लड़कियों की ट्विटर पर दी गई तस्वीरें और जानकारियाँ हैं। हमारे देश में साल दो साल पर किसी न किसी राज्य में चुनाव होते ही रहते हैं। सोचा जा सकता है कि इन सब तरह की चीजों से अगर मुसलमान भड़केंगे तो इसका फ़ायदा किसको मिलना है?

यह ठीक है कि यह सब वर्चुअल (आभासी) है। इससे भौतिक रूप से किसी को कोई नुकसान नहीं होने वाला है लेकिन यह मानसिक प्रताड़ना का एक नया तरीका है। जो भौतिक नुकसान से ज़्यादा मन पर गहराई से चोट करता है। जिनकी भौतिक रूप से मॉब लिंचिंग नहीं हो पा रही है उनकी मानसिक मॉब लिंचिंग की जा रही है।

यह भी ख़बर है कि दिल्ली महिला आयोग के दबाव में दिल्ली पुलिस ने इस संबंध में एक एफ़आईआर दर्ज कर ली है। मंशा तो साफ़ है इसे बनाने वाले की, लेकिन इसके पीछे कौन है, यह अभी तक पता नहीं चल पाया है। शायद कभी पता भी न चल पाए। किसको चिंता है औरतों की, ऊपर से मुसलमान औरतों की?

जो लोग सफ़ूरा ज़रगर के गर्भवती होने पर उसका चरित्र हनन कर सकते हैं वो लोग 'सुल्ली-डील' करें तो आश्चर्य नहीं है। इस बात पर ज़रूर चिंता करनी चाहिए कि अवचेतन में जो 'ऐप' डाल दिया गया है वह आज नहीं तो कल अपना रंग ज़रूर दिखाएगा।

मैं तो केवल यही सोच कर काँप जाता हूँ कि कल को मेरी तस्वीर भी हो सकती है

इस तरह के किसी ऐप में जिसमें लिखा हो सकता है – फ़ाइंड अ सुल्ला।

अभी इस 'सुल्ली' को भूलने की कोशिश ही की जा रही थी कि 'बुल्ली' भी आ गई। जिन महिलाओं की तस्वीरें हैं उन दोनों ऐप में, क्या उनके ज़हन में हथौड़े की चोट की तरह हमेशा याद रखने के लिए है कि 'तुम्हें तो हम बेचेंगे ही सरकार हमारा कुछ नहीं कर सकती?' यह तो ग़नीमत है कि महाराष्ट्र में उद्धव ठाकरे की सरकार है, शायद इसीलिए इस मामले में मुंबई पुलिस ने कुछ गिरफ़्तारियाँ कीं, तो शायद इसीलिए दिल्ली पुलिस का भी ज़मीर जागा।

प्रतिक्रियास्वरूप या इस तरह के ऐप से बचने के लिए अगर ये लड़कियाँ हिजाब या बुर्का पहनना शुरू कर देंगी तो उन लड़कियों को हिजाब के नाम पर डराया जाएगा और कहा जाएगा कि हम मुस्लिम (लड़कियों) समाज में सुधार कर रहे हैं लेकिन मुसलमान सुधार के लिए तैयार ही नहीं हैं। जान लीजिए कि 'सुल्ली' और 'बुल्ली' में जिन मुस्लिम लड़कियों की तस्वीरें अपलोड की गईं हैं वो हिजाब नहीं पहनतीं।

सांप्रदायिकता और धार्मिकता में अंतर है

हम अकसर सांप्रदायिकता को कभी संस्कृति के साथ और कभी धर्म के साथ घालमेल करके भ्रमित होते रहते हैं। यह बहुत स्पष्ट रूप से समझना होगा कि सांप्रदायिकता का न तो धर्म से कोई लेना-देना होता है न संस्कृति से। उसका केवल एक ही चीज़ से लेना-देना होता है और वह है – नफ़रत। यही एक तत्व ऐसा है जो धार्मिकता और सांप्रदायिकता के अंतर को बनाये रखता है। याद रखना चाहिए कि सांप्रदायिकता की राजनीति करने वाली सरकार ही नफ़रत की सबसे बड़ी लाभार्थी होती है। इसलिए अगर कोई प्रेम कर रहा है तो वह सरकार के विरुद्ध कदम उठा रहा है।

सांप्रदायिकता और धार्मिकता के अंतर को समझने के लिए दो घटनाओं के उदाहरण देखिए। पहली घटना है 4 जून, सोमवार, 2018 की।

अयोध्या में सरयू कुंज मंदिर के महंत जुगल किशोर शरण शास्त्री ने मुस्लिम समुदाय के लिए इफ़्तार की दावत रखी। इफ़्तार के बाद अयोध्या के स्थानीय

मुसलमानों ने मंदिर परिसर में नमाज़ भी अदा की। सैकड़ों लोग इसमें शामिल हुए। मंदिर के महंत जुगल किशोर शरण शास्त्री ने बीबीसी को बताया कि 'ऐसा पूरी तरह से यह बताने के लिए किया गया कि अयोध्या में हिंदू-मुसलमान कितने सौहार्द से रहते हैं।' इस बारे में बीबीसी डॉट कॉम (हिंदी) पर 6 जून 2018 की एक रपट पढ़ी जा सकती है।

यह उस अयोध्या की एक धार्मिक घटना है जहां सांप्रदायिकता का झंडा लहरा कर लगभग तीस सालों से हिंदू-मुस्लिम वैमनस्य को बढ़ावा दिया जाता रहा है।

दूसरी घटना है बुलंदशहर की, जहाँ तबलीग़ी इज्तेमा में भाग लेने आये मुसलमानों ने एक शिव मंदिर में नमाज़ अदा की। हुआ यूँ कि इज्तेमा में जाने के रास्ते में दोपहर की नमाज़ का वक़्त हो गया तो मुसलमानों ने पास के गाँव जैनपुर में लोगों से वहाँ के शिव मंदिर में नमाज़ पढ़ने की इजाज़त माँगी।

गाँव के प्रधान गंगा प्रसाद के मुताबिक, मुसलमान भाइयों की परेशानी को समझते हुए हम लोगों ने मंदिर में नमाज पढ़वाने का फैसला किया। फ़ौरन ही वुज़ू के लिए पानी का इंतज़ाम कराया गया। मंदिर के पुजारी अमर सिंह वैद्य ने बताया कि जितने भी लोग थे, सभी ने वहाँ नमाज़ पढ़ी। उन्होंने कहा कि 'देश में भाईचारे का संदेश जाना चाहिए . . . मंदिर सबके लिए है।' मंदिर कमिटी के सदस्य चौधरी सहाब सिंह ने कहा कि धर्म के नाम पर मंदिर में किसी को आने और प्रार्थना करने से नहीं रोका जाना चाहिए, इसीलिए हमने यह निर्णय लिया।

यह घटना 1 दिसंबर 2018 की है। नवभारत टाइम्स डॉट इण्डिया टाइम्स डॉट कॉम पर 3 दिसंबर 2018 की एक रपट में इसको पढ़ा जा सकता है।

लेकिन 3 दिसंबर को ही बुलंदशहर में इंस्पेक्टर सुबोध कुमार सिंह की मॉब लिंचिंग हो जाती है जिसमें उनकी मृत्यु हो गई।

क्या इसे महज़ एक इत्तेफ़ाक मानना चाहिए कि जो इंस्पेक्टर दादरी के अख़लाक़ की मॉब लिंचिंग की जांच कर रहा था उसकी मॉब लिंचिंग में ही मौत हो गयी?

क्या इसे भी महज़ एक इत्तेफ़ाक माना जाए कि जिस तबलीग़ी जमात के लोगों को बुलंदशहर के गाँव के लोगों ने एक शिव मंदिर में नमाज़ अदा करने के लिए जगह

देकर सांप्रदायिक सौहार्द की मिसाल कायम की उसी तबलीग़ी जमात को टार्गेट करके कोरोना की पहली लहर में दोषी बताया गया?

इन तमाम घटनाओं में बहुत सारे ऐसे रिक्त स्थान हैं जिनकी पूर्ति आने वाले समय में की जाएगी।

हिजाब पर हंगामा

जैसे ही हिजाब में एक लड़की कॉलेज परिसर में आयी, कुछ लड़कों ने उसके पीछे जाकर 'जय श्रीराम' का उद्घोष किया तो उस लड़की ने उसके जवाब में 'अल्लाहू अकबर' का नारा लगाया। कर्नाटक के उडुपी में एक कॉलेज में घटी इस घटना के दृश्य को देख मैं भी भयभीत हो गया था, जबकि मेरे पास वह वीडियो घटना घट चुकने के बाद पहुँचा। ज़ाहिर सी बात है, सोशल मीडिया के माध्यम से। मैं उस लड़की से सहानुभूति रखता हूँ। उसकी प्रतिक्रिया का नैतिक समर्थन भी करता हूँ। भीड़ द्वारा एक लड़की को डराये जाने के मुद्दे को छोड़ कर दक्षिणपंथी लोग प्रगतिशील-वामपंथी लोगों पर हिजाब का समर्थन करने का आरोप लगाने लगे मानो वह भीड़ मुस्लिम लड़कियों में समाज सुधार के उद्देश्य से जय श्रीराम का नारा लगा रही थी। अगर इतनी ही चिंता थी मुस्लिम लड़कियों की तो, उनके बीच जागरूकता फैलाने के लिए जाते और हिजाब व बुर्के का 'समाजशास्त्रीय-अध्ययन' उनके सामने रखते। अभिव्यक्ति की स्वतंत्रता की बात समझाते। पर बात हिजाब की तो थी ही नहीं। अगर उस भयाक्रांत करने वाली भीड़ की चिंता हिजाब होती तो वो वैलेंटाइन डे पर लड़कियों को क्यों पीटते? पब में अपने दोस्तों के साथ बैठी लड़कियों को क्यों आतंकित करते? लड़कियों के जींस पहनने पर आपत्ति क्यों करते? क्या जींस भी हिजाब है? क्यों दक्षिणपंथी मीडिया रिया चक्रवर्ती को गिद्ध की तरह नोचता, उसके 'अंतिम मांस' तक? देश की औरतों को नीलाम करने के सपने को आभासी संसार में 'बुल्ली' और 'सुल्ली' ऐप बना कर क्यों साकार करते? क्यों उन्नाव और कठुआ में बलात्कार के आरोपी के पक्ष में तिरंगा

लहराते और जुलूस निकालते? दोस्तो! बात हिजाब की है ही नहीं। बात है मेरी और आपकी बेटी की। मेरी और आपकी माँ की। मेरी और आपकी बहन और बीवी की। इसमें हिंदू, मुसलमान, सिख, ईसाई, बौद्ध, जैन, पारसी और नास्तिक सब हैं।

बुर्के में बंदूक

अभी कुछ ही दिन पहले जब अफ़ग़ानिस्तान में फ़ासिस्ट तालिबानियों का फिर से शासन कायम हुआ तो भारत के बहुत सारे बुद्धिजीवी, ख़ास कर मुस्लिम बुद्धिजीवी चिंतित हुए कि वहाँ फिर से औरतों पर बुर्का थोपा जाएगा, वहाँ फिर से मज़हब के नाम पर जनसंहार बरपा होगा। उस समय इन पंक्तियों के लेखक ने प्रतिक्रिया-स्वरूप एक कविता लिखी थी :

अंत में उतनी आबादी भी नहीं बची
जितना बुर्का सिल दिया गया था।
बुर्के को बर्बाद तो कर नहीं सकते थे।

अगर बुर्का बना है तो उसे पहनाया भी जाएगा
बंकर की मीटिंग में फ़ैसला हुआ।
सारे शिक्षकों को बुर्का पहना दो।
बुर्का फिर भी बच गया।
तो सारे सिपाहियों को बुर्का पहना दो।
बुर्का फिर भी बच गया।
तो हर बंदूक को बुर्का पहना दो।
बुर्का फिर भी बच गया।
तो सरकार ने एलान किया

कि जो भी यह बताएगा
इन बुर्कों का क्या किया जाए
उसे इनाम में ढेर सारे गोले-बारूद दिए जाएँगे।
कई दिनों तक सन्नाटा रहा।
कोई सहम कर। कोई वहम कर।
आगे कोई नहीं आया।

आख़िरकार उलेमाओं ने ही किताबें खंगालीं
फिर हुक्म दिया कि हमारे मुल्क में
कोई भी जानवर नंगा नहीं घूमेगा
और जो भी पेड़-पौधे बेशर्मी से नंग-धड़ंग खड़े हैं
सबको बुर्का पहनाओ।

बुर्का फिर भी बच गया और कुछ उलेमा भी।

यह कविता हर उस दक्षिणपंथी को उपहारस्वरूप भेंट है जो प्रगतिशील-वामपंथी विचार के लोगों पर हिजाब के समर्थन का आरोप लगा कर मुद्दे को भटका रहे हैं।

कमाल ख़ान को श्रद्धांजलि

'संगठित' और 'पूर्वनियोजित' तरीके से जब धर्म संसद होते हैं तो उसमें मुसलमानों के जनसंहार का आह्वान किया जाता है (संदर्भ : हरिद्वार का धर्म-संसद)। मुझे जनसंहार से ज़्यादा दिलचस्पी इस बात में है कि उतने मुसलमानों को जब मारा जाएगा तो उनका गोश्त कौन खाएगा या कौन-कौन खाएगा? राज्य सरकार? केंद्र सरकार? देश का राष्ट्रपति, प्रधानमंत्री, गृहमंत्री या रक्षामंत्री? क्या उसका प्रसाद सभी

कार्यकर्ताओं, समर्थकों और उनके मतदाताओं तक भी पहुँचेगा? कोई कह सकता है – यह तो बड़ी घिनौनी बात है। निश्चित रूप से इस संगठित और पूर्वनियोजित धर्म संसद में यह एक घिनौनी बात की गई है।

ऊपर मैंने 'संगठित' और 'पूर्वनियोजित' शब्द का इसीलिए इस्तेमाल किया ताकि यह समझा जा सके कि इसके पीछे एक ख़ास विचारधारा है जो हिंदू समुदाय की विचारधारा नहीं है और जो निरंतर एक विशेष योजना के तहत धीरे-धीरे अपने चेहरे पर से मुखौटा उतार रही है। एक उदाहरण देता हूँ – जो अ-संगठित और अ-नियोजित घटित हुआ। कर्मठ और संवेदनशील पत्रकार कमाल ख़ान हमारे बीच नहीं रहे, उनको श्रद्धांजलि देने में इस देश के किसी भी नागरिक ने कोई कसर नहीं छोड़ी। हिंदुओं ने भी उन्हें श्रद्धांजलि दी और मुसलमानों ने भी। यहाँ तक कि उनकी आत्मा की शांति के लिए बनारस की गंगा-आरती में उन्हें श्रद्धांजलि भी अर्पित की गई। यह एक सहज प्रतिक्रिया थी अपने प्रिय पत्रकार के लिए। हिंदुओं ने दिल खोल कर कमाल ख़ान को श्रद्धा सुमन अर्पित किया। इसलिए जो लोग समझदारी के स्तर पर भाजपा और हिंदुओं को एक मानते हैं उन्हें सतर्क रहना चाहिए। यह समझना चाहिए कि जो 'संगठित' और 'पूर्वनियोजित' नफ़रत का खेल खेलते हैं वो कहीं न कहीं से 'प्रायोजित' होते हैं। कमाल ख़ान को श्रद्धांजलि न तो संगठित थी, न पूर्वनियोजित थी, न प्रायोजित थी। इसलिए उसमें प्रेम था। एक समुदाय का दूसरे समुदाय के प्रति प्रेम।

मेरी उम्मीद

जब-जब ज़ुल्म बढ़ता है, नाइंसाफ़ी बढ़ती है तो मैं सपना देखता हूँ कि मैं सरकार के सर्वोच्च पद पर बैठ कर सब कुछ ठीक कर रहा हूँ। मैं हर नागरिक के स्वास्थ्य का अधिकार सुनिश्चित कर रहा हूँ। मैं हर नागरिक के लिए शिक्षा और भोजन सुनिश्चित कर रहा हूँ। मैं हर नागरिक को मकान दिलवा रहा हूँ, जो उनका ही अधिकार है और ये सब उनके पैसे से ही हो रहा है। मैं जंगल बचा रहा हूँ। मैं किसानों की आत्महत्या

रोक रहा हूँ। उन्हें कभी क़र्ज़ न लेना पड़े ऐसी स्थिति लाने के लिए काम कर रहा हूँ। मैं उन तमाम अमीरों की धर-पकड़ कर रहा हूँ जो जनता का पैसा (बैंक से क़र्ज़ लेकर) डकार गये और जो भी सरकारें उनको बचा रही थीं उनका पर्दाफाश कर रहा हूँ। मैं उन तमाम ज़िम्मेदार पदों पर बैठे हुए लोगों पर मुक़दमा चलवा रहा हूँ जिन्होंने पद का ग़लत इस्तेमाल लोगों की जान लेने और देश को लूटने के लिए किया। मैंने हर लड़की, हर दलित और हर अल्पसंख्यक समुदाय की सुरक्षा की गारंटी ली है। मैं सपना देखता हूँ कि सबको अंतिम क्रिया का सम्मानजनक नागरिक अधिकार प्राप्त है।

मेरा सपना यथार्थवादी नहीं है। हाँ, घोर निराशा की मनःस्थिति में ऐसा लगता ज़रूर है कि मेरा सपना यथार्थवादी नहीं है। लेकिन नहीं, ऐसा यथार्थ में हो सकता है। इस देश की आत्मा में दो ऐसी चीज़े अंतर्निहित हैं, जो हमेशा मुझ में उम्मीद कायम रखती हैं, एक है देश का संविधान और दूसरा इस देश का बहुसंख्यक समुदाय। बहुसंख्यक समुदाय यानी हिंदू धर्म और समुदाय। मैं यहाँ बड़े ही निर्मम तरीके से कहना चाहता हूँ कि जब-जब मैं हिंदू धर्म या हिंदुओं की बात करता हूँ तो उसमें भाजपा और उसके सहयोगी संगठनों को गिनता भी नहीं। वो हिंदू धर्म और समुदाय का उपयोग सत्ता के लोभ में करते हैं। मैंने पहले ही स्पष्ट कर दिया है कि मैं धार्मिकता और सांप्रदायिकता में अंतर करता हूँ।

मुझे सौभाग्य प्राप्त है कि मैंने कई बरस डॉ. चंद्रप्रकाश द्विवेदी के साथ काम किया जहाँ मेरा हिंदू धर्म के लोकतांत्रिक ढाँचे से परिचय हुआ, उसे मैंने अनुभव भी किया है। हालाँकि मैं जातिगत भेदभाव का घोर विरोधी हूँ, मैंने अनुभव किया है कि आप शैव होकर भी हिंदू हो सकते हैं और वैष्णव होकर भी। आप वैदिक हो कर भी हिंदू हो सकते हैं और शाक्त होकर भी। आप नास्तिक होकर भी हिंदू हो सकते हैं और तमाम चीज़ों से विरक्त और विमुख होकर भी। मूर्ति पूजा करके भी आप हिंदू हो सकते हैं और मूर्ति पूजा का विरोध करके भी। तमाम हिंदू दर्शनों को ख़ारिज करके, अपनी कोई नयी बात कह कर भी आप हिंदू हो सकते हैं। इस वक़्त हिंदू धर्म शायद दुनिया का अव्वल ऐसा धर्म है जो इस कदर धर्मनिरपेक्ष है। यह हिंदू धर्म ही भाजपा की सांप्रदायिक राजनीति के लिए चुनौती है। मध्यकाल में इसी हिंदू धर्म से प्रभावित थे दारा शिकोह और सूफ़ी सरमद, जिन्हें औरंगज़ेब ने मरवा दिया था। यह सिलसिला

वहीं रुका नहीं। मैं कभी नहीं भूलता कि नाथूराम गोडसे ने विभाजन के लाभार्थी जिन्ना को नहीं, राम-राम जपने वाले संत गांधी को मारा था। इसी बिंदु से शुरू करनी चाहिए सांप्रदायिकता और धार्मिकता के अंतर की बहस।

भारत का संविधान हमें विरोध/असहमति/मतभेद का अधिकार देता है और वही हमारे लिए सबसे बड़ी उम्मीद है।

आभार

कवि-कथाकार और वाम प्रकाशन के संपादक संजय कुंदन ने मुझसे कहा कि इस दौर में ख़ास कर मोदी-काल में मुसलमानों की हालत पर लिखना है। अब मैं शोधार्थी तो हूँ नहीं, सो यह सुन कर घबरा गया। तब उन्होंने कहा कि अकादमिक शोध जैसी किताब नहीं लिखनी है। फिर उन्होंने ही सुझाया कि 'मुस्लिम मनःस्थिति' पर लिखो। यह विषय मेरे लिए ठीक था। मैं चाहे जितना भी मुसलमानों से दूर रहता हूँ लेकिन बहुत सारे लोगों की अपेक्षा तो नज़दीक ही रहता हूँ। हालाँकि मैं नास्तिक हूँ मगर मंटो के शब्दों में इतना मुसलमान तो हूँ ही कि मारा जाऊँ। तो मोदी-काल में मुसलमानों की मनःस्थिति पर लिखने के लिए मैं तैयार हो गया। इसमें अकेलेपन की अवस्था में की गयी बड़बड़ाहट और झुँझलाहट भी है और बहस-मुबाहिसा भी। इस तरह अब एक किताब आपके समक्ष प्रस्तुत है जिसे लिखवाने का सारा श्रेय संजय कुंदन को जाता है।

मैं वाम प्रकाशन के प्रबंध संपादक सुधन्वा देशपांडे के प्रति आभार व्यक्त करना चाहता हूँ कि उन्होंने मेरे जैसे बिल्कुल नये लेखक की किताब प्रकाशित करने का फ़ैसला लिया।

मैं आज के दौर के महान अभिनेताओं में एक नसीरुद्दीन शाह के प्रति आभार प्रकट करता हूँ, सिर्फ़ इसलिए नहीं कि उन्होंने इस किताब की भूमिका लिखी बल्कि इसलिए भी कि वे वर्तमान सामाजिक-राजनीतिक परिस्थितियों को लेकर सजग रहते हैं और अपना सरोकार बिना किसी हिचकिचाहट के खुलकर व्यक्त करते हैं।

इस किताब में राजेश जोशी (बीबीसी के पूर्व पत्रकार) की कविता 'दादरी का अख़लाक़' और उर्दू के युवा शायर अब्बास क़मर का एक शेर शामिल किया गया है। जिसके लिए मैं उन दोनों का आभारी हूँ।

इस किताब के लिए संदर्भ सूत्र के तौर पर वरिष्ठ पत्रकार नासिरुद्दीन के आलेख 'अपनी माटी में बेगानापन' से सहायता ली गयी है। इसके अलावा युवा पत्रकार आमिर अब्बास और शोधार्थी शीमा फ़ातिमा का भी सहयोग रहा जिसके लिए मैं आप सबका आभारी हूँ।

फ़रीद ख़ाँ

इसमें कई बुद्धिजीवियों के फ़ेसबुक पोस्ट का उद्धरण की तरह उपयोग किया गया है, जिनमें प्रमुख रूप से वरिष्ठ पत्रकार ओम थानवी, वरिष्ठ पत्रकार रवीश कुमार, कृष्णकांत, समर अनार्य, प्रो. आशुतोष कुमार, विक्रम सिंह चौहान हैं। आप सबका दिल से आभार है।

मैं उन तमाम लोगों का आभारी हूँ जिन्होंने मुझसे इस संदर्भ में बात करने के लिए समय निकाला। यह किताब उन तमाम लोगों के डर, गुस्सा, झुँझलाहट और बड़बड़ाहट का नतीजा है।